李孟學 著

# 設計思考
## 在跨領域課程的應用與挑戰

# 目 次

| | | |
|---|---|---|
| 摘要 | | 007 |
| 第一章 | 研究動機與主題 | 009 |
| 第二章 | 文獻探討 | 011 |
| | 一、教學現場的課題與挑戰 | 011 |
| | 二、跨領域學習（Transdisciplinary Learning） | 013 |
| | 三、混合學習（Blended Learning） | 015 |
| | 四、反思性實踐（Reflective Practice） | 016 |
| | 五、探究式學習（Inquiry-Based Learning, IBL） | 018 |
| | 六、設計思考（Design Thinking） | 019 |
| | 七、成長型思維（Growth Mindset） | 020 |
| | 八、評量（Evaluation） | 022 |
| | 九、行動研究（Action Research） | 023 |

第三章　研究方法與教學設計　　　　　　　　　　　　025
　　　一、行動研究法與跨領域課程優化　　　　　　　025
　　　二、發展BRIDGE-SPOT教學架構　　　　　　　030
　　　三、同時展示與觀摩任務（Simultaneous Presentation
　　　　　and Observation Task, SPOT）　　　　　　　034
　　　四、關於跨領域課程設計流程　　　　　　　　　038
　　　五、關於課程促進成長型思維的具體設計　　　039

第四章　研究案例成效及貢獻　　　　　　　　　　　　041
　　　一、案例一、工程與防災—設計思考遇見震災現場　041
　　　二、案例二、人文與社會—原住民建築人才培育工作坊　045
　　　三、案例三、人文與社會—設計思考遇見校園愛情故事　051
　　　四、BRIDGE-SPOT在不同學科的應用　　　　　057

| 五、教學實踐研究範疇與貢獻 | 064 |
| 六、對學生跨領域學習的影響 | 067 |
| 七、對老師跨領域教學的影響 | 068 |

**參考文獻** 071

**附件　各場次工作坊編號與摘要說明** 079

**致謝** 109

# 摘要

　　在當前多變且高度複雜的社會環境下，解決問題已不再侷限於單一學科的範疇，跨領域學習逐漸成為教育創新的核心趨勢。本研究探討設計思考在跨領域課程中的應用與挑戰，並透過行動研究，發展並優化適用於多種教學場域的BRIDGE-SPOT教學架構。本研究以設計思考的五大核心階段同理、定義、發想、原型與測試為基礎，結合探究式學習、混合學習、反思性實踐、成長型思維等教學方法，促進學生的深度學習與問題解決能力。

　　本研究以59場跨領域設計思考工作坊為實證基礎，涵蓋工程防災、醫學與生物、人文社會、大學治理與跨校合作等多個領域，並邀請來自不同專業的師生共同參與。在教學實踐中，學生透過問題導向學習與動手實作，提升跨領域溝通與合作能力；同時，教師在課程設計與執行過程中，透過行動研究的計畫─行動─觀察─反思循環，逐步優化教學模式。

　　研究結果顯示，設計思考能夠有效提升學生在跨領域課程中的學習動機、參與度與問題解決能力，特別是在小組合作與創意思維的培養上表現尤為顯著。此外，透過同步展示與觀摩機制，改善了傳統小組報告模式的參與度與互動性，提升學生的學習效果。本研究亦發現，教師的跨領域協作經驗對於課程成效具有關鍵影響，透過教師共同授課與設計思考的應用，能夠有效提升課

程的適應性與可擴展性。

　　本研究的貢獻在於提出BRIDGE-SPOT教學架構，為未來設計思考與跨領域課程的整合提供實證與應用模式，並為高等教育與K-12課程設計提供可行的參考。本研究建議未來可進一步探討不同學科整合的最佳實踐策略，並發展更完善的跨領域課程評估工具，以提升設計思考在教育場域中的應用價值。

# 第一章　研究動機與主題

在當前高度複雜且多變的社會中，許多問題需要跨越單一學科的知識才能有效解決。**跨領域教學**因此日益受到重視，主張透過串聯不同學科的觀點，協助學生培養整合性思維及創新問題解決能力（Astin, 2014; Johnson & Johnson, 1987）。同時，設計思考（Design Thinking）近年來在教育領域廣受關注，其核心流程包含同理心、問題定義、創意發想、原型製作與測試迭代，強調以人為本的創意思維（Novo et al., 2023; Schön, 2017）。結合跨領域教學與設計思考，可望為教育現場帶來新的啟發。

本研究的主要動機在於：

1. 探討如何藉由設計思考，促進學生在跨領域課程中的自主學習與創新解決問題的能力。
2. 釐清跨領域課程設計與教師合作的實務挑戰，並提出對應的行動研究策略。
3. 透過長期課程實踐與多位教師協同合作，總結設計思考融入跨領域教學的具體模式與成果。

為了達成此目標，本研究採用行動研究的方法，結合個人在產業界實務以及推動跨領域人才培育計畫的經驗，嘗試將「設計思考」融入多種不同主題與形式的跨領域工作坊與課程。藉由反

覆的計畫、行動、觀察與反思,逐步優化教學設計與評估,以建構可供教學者參考的教學模式。

# 第二章　文獻探討

## 一、教學現場的課題與挑戰

在許多高等教育與K-12教學現場中,教師經常面臨學生參與度不高與互動不足的問題。例如,學生在分組討論時,較少主動發表意見或提出問題,通常保持沉默,唯有在被直接點名時才會發言。這種狀況不僅顯示學生對於表達想法的信心不足,也可能反映對於衝突或不同觀點的恐懼,因而減少積極互動的機會。此外,學生常常在表達時欠缺組織與條理,導致溝通效果不彰(Britten & Iwaoka, 1999)。這些因素使得原本應該有助於思維激盪與知識建構的小組討論,因互動緊張與資訊傳遞不清而變得低效,甚至阻礙學習成效(Astin, 1999; Jackson, 2002)。

面對上述情況,部分教師開始嘗試在課程中導入不同的創新教學方法。例如,以小組合作學習、問題導向學習或翻轉教室方式,試圖促進學生主動參與。然而在實踐過程中,往往出現新的挑戰。學生若未獲得適當引導,可能在面對不熟悉或跨領域的課題時,持續顯得消極或陷入茫然(Fredricks, 2014; Schlechty, 2002)。此外,傳統單向授課模式雖然因應力高且講授內容集中,但卻難以培養學生深度思考與解決真實問題的能力(Ryan & Deci, 2002)。若教師本身對此類創新教學法缺乏教學經驗或反思機制,就更容易在推動中面

臨教學失焦與參與度下降等困境（Connell & Wellborn, 1991）。

### （一）學生參與度與學習動機不足

學生參與度低常表現為缺乏主動提問、課堂發言次數少，以及討論時主要處於聽眾角色，極少提供觀點或回饋。文獻指出，學生參與度與其學習動機呈現正相關，並且在很大程度上受到教師教學策略與課堂設計的影響（Ryan & Deci, 2002）。若教師的教學方法過於單向，就無法激發學生自主學習的熱忱；缺乏適度的挑戰與回饋機制，也容易導致學生學習動機快速衰退（Fredricks, 2014）。

### （二）學習效果與深度不足

課堂中若僅著重於知識傳遞，忽略引導與問題探究，學生很可能停留在「被動」的知識接收狀態（Connell & Wellborn, 1991）。這種情境下，學生難以及時連結所學於真實生活場域，也無法進行更深層次的批判與反思（Ryan & Deci, 2002）。久而久之，學習成效僅止於短期記憶或死記硬背，難以培養長期且可遷移的關鍵能力（Eccles et al., 1983）。

### （三）小組合作與溝通困難

即便教師嘗試推行小組合作，若缺乏明確的結構或協作機制，學生在小組活動中容易因目標不清、角色未分工、或溝通技

巧不足,而形成表面或被動的合作(Britten & Iwaoka, 1999)。學生之間經常因語意不清、責任分配不均或擔憂人際衝突,致使誤解不斷,也影響任務完成時效及品質(Jackson, 2002)。

上述現象突顯了創新教學策略的重要性,尤其在面對複雜多元的教育場域時,更需要靈活且系統性的解決方案。因應這些挑戰,越來越多研究者與教學實務工作者轉向探討「跨領域學習」、「混合學習」、「反思性實踐」、「探究式學習」、「設計思考」及「成長型思維」等教學理念與方法,嘗試以整合的方式優化教與學的過程。

## 二、跨領域學習(Transdisciplinary Learning)

**跨領域**一詞最早由美國哥倫比亞大學心理學家Woodworth在1926年提出,後續經由諸多研究者不斷充實,逐步成為教育與研究的重要議題(Brown, 2008)。跨領域強調打破學科邊界,將多種知識背景與觀點融合應用,以解決單一領域難以解決的複雜問題(Astin, 2014)。根據世界經濟論壇對企業雇主之訪談發現,未來關鍵技能榜首依舊是「解決複雜問題的能力」,這說明在快速變動的社會中,能否整合多元學科視角來因應挑戰,成為學生就業與發展的關鍵(Jackson, 2002)。

## （一）跨領域教學的意義

跨領域教學旨在培養學生的彈性思考、適應力、主動學習能力與自我導向性。透過讓學生接觸多樣化的知識框架，他們能更精準地理解問題本質，並據此發展整合性的解決方案（Brown, 2008）。然而，正因跨領域涉及多重專業整合，其教學設計常面臨：

1. 專業知識「深度」與「廣度」的平衡問題。
2. 跨科系教師如何協同備課與教學。
3. 學生在短期課程裡能否有效內化多領域的核心概念。

## （二）為何需要跨領域？

一方面，現代社會的複雜問題（如環境、科技、健康、文化衝擊等）已難以用單一學科知識加以解答；另一方面，企業與組織也越來越重視員工的跨功能與溝通協同能力（Jackson, 2002）。因此，教育者若能在教學設計中融入跨領域元素，讓學生在真實情境中將多元知識靈活應用，將有助於培養面對未來挑戰的能力（Brown, 2008）。

## （三）跨領域教學的限制

然而，跨領域教學在推行上也面臨許多實務阻力，如課程時間與資源不足、教師對其他領域內容不熟悉、學生對未知領域的恐懼，或協同教學的行政困難等（Astin, 2014）。若缺乏明確

的課程設計與適切的教學策略，跨領域課程很可能淪為「什麼都教，但什麼都不深」的淺碟式學習（Eccles et al., 1983）。因此，如何有效整合教學法與策略，使跨領域課程兼具廣度與深度，成為當代教育研究的重要課題。

## 三、混合學習（Blended Learning）

混合學習是一種融合「傳統面對面教學」與「線上學習」的教學模式。此概念意在綜合兩種不同環境之優勢：實體課堂提供即時互動與情境學習，線上學習則強調彈性與個人化。對於課程設計者來說，如何將兩種環境的資源與活動精妙組合、避免重複或脫節，是關鍵挑戰（Boyle et al., 2003）。

### （一）混合學習的優勢

Poon（2013）指出，混合學習不僅能提升學生的學習動機，也有利於個人化學習進程。學生可根據自身需求或進度，線上重複觀看課程內容，或利用數位平台進行討論與作業練習（Alducin-Ochoa & Vázquez-Martínez, 2016）。對於需要反覆練習的技能，例如程式設計、數學解題與語言學習，線上模組常能提供自動化回饋功能，讓學生快速察覺並修正錯誤。

## (二)混合學習的實施挑戰

然而,混合學習並非單純把線上與實體教學堆疊即可。若教師對數位工具不熟悉,或未考量學生的數位素養與教學內容的適配度,就可能出現「科技融入教學」的落差(Boyle et al., 2003)。技術面挑戰之外,學生若在自主管理或時間規劃上不足,線上學習部分就容易淪為形式,使學習效果大打折扣。故混合學習模式下,教師仍需積極提供指導與反饋機制,確保學生能善用線上資源並保持學習動力。

## (三)混合學習在跨領域教學的應用

在跨領域教學中,混合學習為學生提供更多元的學習資源與彈性安排。例如,課前可運用線上影片或閱讀資料補足學生對特定學科基礎概念的理解;課堂則以討論或小組專題方式,進行深入探究與協作。若結合小組行動研究,更可透過線上平台進行跨校或跨院系的連結,讓學生在多元背景的組合下進行問題解決。

## 四、反思性實踐(Reflective Practice)

「反思性實踐」最初由Donald Schön在其著作《The Reflective Practitioner》中提出,主張個體在工作或學習過程中,應針對自身行動進行批判性回顧與分析(Schön, 2017)。透過反思,人們

能更深入地檢視行為背後的假設與信念，並在未來情境中作出更有效或適切的選擇（Fook & Gardner, 2007）。

### （一）反思性實踐的核心要素

1. **反思過程**：包含回顧事件經過、評估有效性及探討行動背後的原因，可個人進行，也可與同儕一起省思（Gibbs, 1988）。
2. **批判性思維**：不僅檢視經驗本身，也批判性地檢核其中的假設與決策依據（Fook & Gardner, 2007）。
3. **學習與改進**：透過反思，個體能釐清自身不足並制定改進計畫，如嘗試新策略或技能（Bolton & Delderfield, 2018）。

### （二）反思性實踐與教育

在教育場合中，教師若能引導學生定期進行反思與回饋，往往能促進深度學習與自我調整（Gibbs, 1988）。例如，引導學生撰寫學習日誌或實作後的心得報告，能讓他們更具體地思考所學內容與實際應用之間的關聯。對教師而言，反思同樣能在課程結束後評估教學效果，並為後續教學優化提供明確方向（Schön, 2017）。

### （三）反思性實踐在跨領域教學的價值

由於跨領域課程常包含複雜而多元的學習活動，學生在不

同領域的知識整合或小組合作時，勢必遇到挫折與挑戰。如果缺乏系統化的反思機制，學生與教師都較難精準辨識問題並即時調整。結合反思性實踐，學生能逐步釐清自己在跨領域合作中的角色與定位，也能更意識到溝通不良或對他領域缺乏了解所造成的困難（Fook & Gardner, 2007）。

## 五、探究式學習（Inquiry-Based Learning, IBL）

探究式學習是一種以學生為中心的教學方法，鼓勵他們主動提出問題、蒐集與分析資料，最終得出基於證據的結論（Wang & Woo, 2010）。與傳統由教師主導的教學形式相比，探究式學習更強調學生的主動性、批判思維與問題解決能力（Bonnstetter, 1998）。

### （一）促進學生參與與動機

研究表明，讓學生在真實情境中進行問題探究，能顯著提高他們的參與度（Wang et al., 2010）。特別是STEM領域，學生可在真實或模擬實驗、田野調查或專題製作過程中，親自驗證理論或假設，進一步激發學習興趣（Bonnstetter, 1998）。

### （二）培養批判性與深度思維

在探究過程中，學生需要針對收集到的證據進行評估與論

證，並可能遭遇不同資料來源的衝突（HarlEn, 2013）。這種情境既訓練學生的邏輯推理，也鍛鍊他們在不確定中尋找真相的能力；與傳統單一標準答案式的學習相比，更能引導學生深度理解與應用學科知識。

### （三）IBL與跨領域教學的結合

跨領域議題本身往往帶有探究特質，如環境保育、公共衛生或社會創新等，需要多方資料與觀點。將探究式學習與跨領域課程融合，能讓學生從不同專業角度共同提出研究問題，並透過分工與互補來更全面地解決問題（Wang et al., 2010）。

## 六、設計思考（Design Thinking）

設計思考起源於設計領域，強調以人為中心的創新解決方案，並透過反覆迭代、測試與修正來因應複雜且定義不明的問題（Novo et al., 2023）。近期，在教育場域中，設計思考逐漸成為促進學生創造力、批判性思考與協作能力的熱門教學策略（Parker et al., 2021）。

### （一）設計思考的核心流程

常見的設計思考流程包含：同理（**Empathize**）、定義問題（**Define**）、發想（**Ideate**）、原型（**Prototype**）與測試（**Test**）

等步驟（Panke, 2019）。在每個步驟中，學生須從真實使用者或情境出發，並持續與利害關係人互動，確保解決方案符合需求。

## （二）對教學現場的啟示

設計思考有助於提升學生參與度、激發動機與培養協作能力（Ungaretti et al., 2009）。學生在小組中討論與實作原型時，會發現彼此的觀點差異並努力協調；此時的衝突若處理得當，反而能轉化為創新火花（Diefenthaler et al., 2017）。此外，在不斷迭代與嘗試錯誤的過程裡，學生逐漸養成批判性與創造性思維（Panke, 2019）。

## （三）設計思考在跨領域課程的應用

由於設計思考強調「以人為本」和「多元視角的融合」，相當適合跨領域教學。學生可從不同專業背景切入，同理問題背景並共同定義課題，再利用發想與原型製作等步驟反覆探討解決方案（Parker et al., 2021）。這種多維度的合作過程亦能同時鍛鍊學生對溝通與協調的能力，因為跨領域專業之間的知識整合，本質上需要反覆釐清與對話。

# 七、成長型思維（Growth Mindset）

成長型思維（Growth Mindset）由Dweck等人提出，主張個體的智力與能力並非一成不變，而是可以透過持續努力與有效策略

不斷提升（Matthews, 2007）。在教育領域推動此概念，能幫助學生面對困難與挫折時，仍保持積極的態度與學習動力。

### （一）與教學現場的關聯

當學生對自己在學科表現或挑戰新事物的能力抱持「固定思維」時，往往因害怕失敗而排斥嘗試。然而，有成長型思維的學生更能視失敗為學習的契機，並持續尋求改進空間（Canning et al., 2019）。這對於需要持續試錯的設計思考流程或探究式學習尤為重要。

### （二）促進學習動機與成就

研究指出，學生若能透過教師或課程設計的支持，建立成長型思維，在面對跨領域或高難度挑戰時更具韌性與自我調整能力（Yeager et al., 2019）。特別是在數學、科學等較具挑戰性的領域，成長型思維與學業成就之間存在明顯的正向關聯（Matthews, 2007）。

### （三）成長型思維融入跨領域課程

跨領域課題常融合工程、社會、科學、人文等多方知識，學生難免在不熟悉的領域碰到挫敗。若課程能明確強化學生的成長型思維，如鼓勵持續嘗試與允許犯錯，則能讓學生更有意願克服高難度知識門檻，並持續投入專案或問題解決（Canning et al., 2019）。

## 八、評量（Evaluation）

評量指系統性地評估學生學習成果或教學效果，以便及時調整教學策略並優化學習品質（Taylor & Tyler, 2012）。評量形式多樣，包括形成性評量（formative assessment）與總結性評量（summative assessment），目標在於提供老師與學生雙向的反饋機制（Benton et al., 2013）。

### （一）評量對教學與學習的重要性

適當的評量工具與回饋能幫助教師洞察學生的學習狀況、理解盲點或困難之處，並在課程進行中進行微調（Anderson & Burns, 1991）。形成性評量，例如每週小考、即時線上測驗或討論表單，能及時掌握學生困惑之處；總結性評量如期末報告或測驗，則提供教學成效的整體檢視（Paolini, 2015）。

### （二）評量在跨領域與創新教學中的挑戰

對跨領域課程或以設計思考、探究式學習為主的課程，評量往往不只著眼於單一學科知識點的掌握度，也重視學生的合作能力、創意思維、問題解決歷程與態度（Benton et al., 2013）。如何量化或質性地評估這些面向成為教學者必須思考的難題。例如，小組專案的評分機制該如何兼顧個人貢獻與團隊整體表現？創意和實用性的衡量標準為何？這些都需要更為多元且彈性的評量設

計（Taylor & Tyler, 2012）。

## 九、行動研究（Action Research）

行動研究由Kurt Lewin於1952年系統化提出，並在後續教育領域被廣泛引用（Elliot, 1991; Lewin, 1947; Rolfe, 1998）。其核心概念是將「研究」與「行動」結合，在真實情境中透過計畫、行動、觀察與反思的循環不斷優化實務。

### （一）行動研究的螺旋循環

1. 計畫（**Planning**）：蒐集證據、制定明確目標與行動步驟。
2. 行動（**Acting**）：根據計畫執行教學或改革策略。
3. 觀察（**Observing**）：在執行過程中蒐集質性或量化數據，檢視措施效果。
4. 反思（**Reflecting**）：根據觀察結果進行分析與歸納，評估行動是否達成預期，並修正方向進入下一循環（Elliot, 1991; Lewin, 1947; Rolfe, 1998）。

### （二）行動研究在教育場域的應用

教育工作者可應用行動研究於課堂中，以系統化的方式分析學生學習困境並嘗試新教學法。透過反覆的循環與實證資料的佐證，教師能逐步找出更適合學生的教學模式（Elliot, 1991）。

由於行動研究注重解決實際問題，且研究者常同時身兼教學者身分，此研究方式對教師專業成長與課程創新具有高度實務價值（Rolfe, 1998）。

### （三）行動研究與設計思考在跨領域課程中的結合

若將設計思考嵌入行動研究的教學設計中，教師就能在每一次的「行動—觀察—反思」循環中，帶領學生透過「同理—定義—發想—原型—測試」去解決教學現場或專案中遇到的問題。這種雙重結合能強化教學者對課堂問題的覺察力，也讓學生在實際課題中同時體驗設計思考與行動研究的精神（Lewin, 1952; Parker et al., 2021）。

# 第三章　研究方法與教學設計

本研究採用行動研究法（Action Research），透過計畫（Planning）、行動（Acting）、觀察（Observing）、反思（Reflecting）的循環歷程，探索設計思考（Design Thinking）如何有效融入跨領域課程，並發展適用於不同教學場域的BRIDGE-SPOT教學框架。透過多次實施與優化，本研究不僅提供了跨領域教學的新方法，也驗證了BRIDGE-SPOT架構對學生學習成效與教師合作模式的影響。

## 一、行動研究法與跨領域課程優化

### （一）計畫（Planning）：課程設計與架構建置

在行動研究的計畫階段，本研究根據設計思考的核心理念，結合過往在產業界防災應變與跨領域課程設計的經驗，發展一套系統性的教學框架，並規劃多層次的跨領域課程模式，以適應不同時間需求與教學情境。

本研究設計了多種教學模式，包括：
1. 短時程課程：1小時的工作坊體驗、3小時的半日工作坊。
2. 中時程課程：6~9小時的整日工作坊、18小時與36小時的微學分密集課程。
3. 長時程課程：每週2小時、長達18週的學分帶狀課程。

以成功大學1學分的密集課程《設計思考遇見震災現場》為例，該課程的目標是將地震災害的複雜議題與學生的生命經驗連結，鼓勵學生提出創新解決方案。由於目前入學的大一新生未經歷921地震，對於大型地震的應對缺乏直接經驗，因此課程特別設計從工程到非工程視角的防災學習模式，讓不同專業的學生在災害發生前、中、後各階段都能發揮自身專業貢獻。

為確保課程的可行性與跨領域協作，本研究邀請國立成功大學土木系劉光晏老師共同設計課程，並考量工程學科的學習特性——傳統土木系課程多以單向講述為主，學生較少機會參與互動式課程，相關課程介紹與學生成果請參照案例一。因此，如何將單向講授的教學模式轉換為設計思考工作坊，促進工程與非工程領域學生的合作學習，成為本研究的主要課題。

## （二）行動（Acting）：課程實施與設計思考應用

在行動階段，本研究透過動手實作與跨領域合作，讓學生在設計思考的體驗中進行學習。由於土木系以外的學生通常未受訓於材料力學與結構學，本研究特別設計了一套積木建模學習活動，使學生能夠直觀理解建築結構與防災概念。

實施過程包括：

1. 積木建模觀察活動

   ● 學生分組使用積木建構房屋模型，學習觀察建築中的柱、

梁、板、牆等結構。
- 模擬地震條件,觀察裂縫產生與建築變形的過程,分析建築物的耐震性。

2. 跨領域討論與應用

來自不同學科的學生分享各自的專業觀點,例如:
- 工程領域的學生解釋建築耐震設計的原理。
- 心理學與社會學領域的學生討論震後心理重建與社區支持系統。
- 傳播與媒體學科的學生探討防災資訊如何有效傳播給大眾。

3. 問題導向學習(PBL)與設計思考工作坊

讓學生針對不同防災議題提出創新解決方案,例如:
- 如何設計適合不同社群的地震避難指南?
- 如何利用社群媒體與生成式AI提升災害警報的準確性?
- 如何設計耐震且經濟的建築方案,以適用於弱勢社群?

(三)觀察(Observing):學習歷程與課堂動態分析

本研究在觀察階段透過質性與量化數據收集,評估課程的影響,並記錄學生的學習歷程與參與狀況。觀察結果顯示:

1. 動手實作能夠激發學生的多元思維與想像力

　　透過積木建模活動，學生能夠具象化地震影響，並思考如何應用自身專業解決問題。

2. 跨領域合作提升學生的學習動機與問題解決能力

- 學生在小組討論中表現出高度互動，並能夠快速理解來自不同學科的概念。
- 透過與不同領域的學生互動，學習如何將知識轉化為一般大眾可理解的語言。

3. 適度增加學習挑戰與壓力，有助於促進自主學習

- 透過逐步加深的任務設計（如從模型觀察到實際問題解決），學生展現出更高的學習投入度。
- 透過科技工具（如生成式AI與線上資料庫），學生得以補充專業知識，提高學習效能。

（四）反思（Reflecting）：課程優化與持續調整

　　在反思階段，本研究透過教師與學生的回饋，對課程進行迭代與改進，主要發現如下：

1. 雙教師模式的影響
   - 工程與非工程領域教師共同授課,有助於促進學生理解不同專業的思維方式。
   - 授課教師透過跨領域合作,也能拓展自身的教學視野,提升對設計思考與探究式學習的應用能力。

2. 學生反饋與課程調整
   - 學生在第一場工作坊後回饋,希望有更多動手實作環節,因此後續課程增加原型設計與實測環節。
   - 透過期末SPOT(Simultaneous Presentation and Observation Task)模式,將傳統的分組報告改為攤位展示,提高學生的參與度與回饋品質。

3. 行動研究的持續應用與課程優化
   - 本研究從2018年至2024年,累計超過50場跨領域設計思考工作坊,並透過行動研究不斷迭代課程內容。
   - 參與對象涵蓋大學生、國高中教師、企業主管、醫療與防災專業人士,驗證BRIDGE-SPOT架構的適用性與可擴展性。

## 二、發展BRIDGE-SPOT教學架構

BRIDGE-SPOT是一種創新的跨領域教學架構，旨在解決既有跨領域課程設計的限制與挑戰。傳統學科教學多以單一領域為基礎，缺乏跨領域整合的機制；即使是近年來強調學科融合的STEAM或問題導向學習（Project-Based Learning, PBL）等方法，也面臨教師需具備多重專業能力、課程規劃負擔過重等挑戰。此外，跨領域課程的執行往往仰賴個別教師的經驗與資源，使得不同專業間的協作不夠系統化。因此，儘管跨領域教學在提升學生綜合思維與解決問題能力方面具有優勢，但其在實施過程中仍存有諸多實務性困難。

BRIDGE-SPOT架構的創新之處，在於提供了一套系統化的課程設計模式，將設計思考（Design Thinking）與探究式學習（Inquiry-Based Learning）相結合，並透過「橋接」（BRIDGE）與「聚焦」（SPOT）策略，促進不同專業領域教師的協作與教學整合。相較於傳統的跨領域課程設計，BRIDGE-SPOT不僅提供清晰的教學流程，還透過行動研究進行持續調整與優化，確保其適用於不同學科、不同教學場域，進而克服過去跨領域課程在教師負擔與學生學習成效上的挑戰。

歷經超過50場設計思考融入不同議題的工作坊，超過30位不同領域老師的合作經驗，藉此提出整合設計思考與探究學習的教學模式，命名為BRIDGE-SPOT課程框架。

**B**lended Learning 將傳統的面對面教學與線上學習結合，提供靈活性，讓學生能夠以自己的節奏進行自我導向的學習，同時仍然能從課堂互動中受益。

**R**eflective Practice 反思是學習過程中的關鍵元素，有助於學生評估與改進學習方法。通過系統的自我評估，學生能夠更深入地了解自己學習的進展與需要改進的地方。

**I**nquiry-Based Learning 鼓勵學生探索、提出問題並積極參與問題解決，從而加深理解並培養批判性思維。

**D**esign Thinking 將設計思考與探究式學習結合，有助於促進創新性問題解決，鼓勵學生透過原型設計、測試和反饋來改進基於同理心和創造力的解決方案。

**G**rowth Mindset 強調學生在學習過程中的持續進步，促進創造力與合作。擁有成長型思維的學生面對挑戰更具韌性，並更可能在學習過程中持之以恆。

**E**valuation 評量是教學中的重要組成部分，通過持續評估學生的進度來提供反饋，幫助他們改善學習，並讓教師能夠優化教學策略，以達到更好的效果。

SPOT（Simultaneous Presentation and Observation Task, SPOT）同時展示與觀摩任務，本研究改善典型的分組輪流報告，將期末報告改為攤位展示的方式，解決了傳統報告中的專注力下降和回饋不足的問題。

BRIDGE-SPOT七個要素並非彼此獨立，而是融入課程的不

同學習階段中。下表以課程進行的時間順序列出各階段，以及在每一階段如何結合BRIDGE-SPOT要素進行教學設計：

| 學習階段 | 設計重點與融入方式 | 運用的BRIDGE-SPOT要素 |
|---|---|---|
| 課前準備（Before class） | 師生提前進行準備工作。在此階段教師提供線上自學資源或影片，讓學生自主預習重點內容；同時提出引導性問題引發學生的探究興趣。學生在課前閱讀或觀看教材並完成小測驗，培養成長型思維（預先嘗試新知識）。教師根據線上學習數據調整教學計畫。 | 混合式學習(B)、探究式學習(I)、成長型思維(G) |
| 課程導入（Class introduction） | 課堂之初，教師引用真實情境或問題情境來引起動機，並引導學生進入問題情境。學生針對問題情境提出初步想法和疑問。此過程中融入設計思考的「同理與定義問題」步驟，鼓勵學生站在使用者或情境角度思考問題。同時透過提問方式啟動探究式學習，讓學生帶著問題意識進入課程。教師強調本課題的挑戰性並肯定任何創意想法，以強化成長型思維。 | 設計思考(D)、探究式學習(I)、成長型思維(G) |
| 課程實作（In-class activity） | 學生日以小組為單位進行探究和問題解決的實作活動。他們運用設計思考進行頭腦風暴並動手製作原型或實驗，以解決導入階段提出的問題。在實作過程中，教師提供混合式資源支援（如查閱線上資料、使用教學平台進行即時測驗）以鞏固知識。各組在進展過程中定期停下來進行反思（例如記錄目前成果、遇到的挑戰與對策），這屬於反思實踐的一部分。整個實作階段，教師和學生都在觀察：教師觀察各組合作情形與問題解決進度，學生觀察自己的方案是否有效並隨機應變。整合上述方式培養學生解決問題能力與持續學習的成長型思維。 | 設計思考(D)、混合式學習(B)、反思實踐(R)、探究式學習(I)、成長型思維(G) |

| 學習階段 | 設計重點與融入方式 | 運用的BRIDGE-SPOT要素 |
|---|---|---|
| 成果發表<br>（同時展示與觀摩任務SPOT） | 在課堂後段或專題完成時，各小組透過SPOT機制進行同步成果發表。每組將專案成果製作成海報或簡報，在教室同時展出。學生分組站在自己的作品前，其他組同學自由走動觀察並傾聽講解。幾分鐘後換組交流，確保每個學生都有機會講解多次並觀摩多組作品。評估在此同時進行：教師依預先訂好的評分標準巡迴評分，同儕也透過提問與反饋表對彼此給予意見。這種發表方式讓所有學生同時參與，避免了傳統逐一上台報告時其他人被動久坐的狀況。學生在多次講解中強化了對自我作品的認識，也在觀摩別組時學到不同的觀點。 | 同時展示與觀摩任務（SPOT）、評估(E)、反思實踐(R) |
| 課後反思<br>（Post-class reflection） | 課程結束後，安排學生進行深入的反思與回饋。學生撰寫反思日誌或填寫學習單，整理本次循環中學到的新知識與技能，並檢討可以改進之處。教師彙整SPOT發表時蒐集的反饋與評分結果，針對每組表現提供具體回饋意見，強調學生在哪些方面有所進步，以及後續努力方向。這些資料將運用在下一迭代的計畫階段，調整教學策略。此外，教師再次強調成長型思維，鼓勵學生帶著反思結果持續學習、準備迎接下一次的挑戰。 | 反思實踐(R)、評估(E)、成長型思維(G) |

註：上述階段可依課程需求進行調整與重組，BRIDGE-SPOT要素的融入方式也具有彈性。

## 三、同時展示與觀摩任務
（Simultaneous Presentation and Observation Task, SPOT）

本研究提出一個創新的小組成果展示與驗證方式，名為同時展示與觀摩任務（Simultaneous Presentation and Observation Task, SPOT），改善典型的分組輪流報告，將期末報告改為攤位展示的方式，解決了傳統報告中的專注力下降和回饋不足的問題，這種創新的展示形式具體執行方式如下。

本研究假設課堂有10個小組需要期末報告，典型的報告採用第一組報告，其他九組傾聽，最後在QA問答，假設報告7分鐘（G1報告P、G2~G10傾聽L），問答8分鐘（QA），10組報告共計150分鐘，每組P報告1次，L傾聽9次，QA問答10次。

**同時展示與觀摩任務**（SPOT），假設課堂中的選課同學有10個小組需要期末報告，同時展示與任務觀摩採用第1~5組同時報告，其他5組（第6~10組）傾聽與回饋。如果安排報告時間7分鐘（G1、3、5、7、9組報告，以P表示；G2、4、6、8、10組傾聽，以L表示），問答8分鐘（QA），10組報告共計150分鐘，每組P報告5次，L傾聽5次，Q&A問答10次。

## 表格1　典型的小組輪流報告時間統計表

| round | time | G1 | G2 | G3 | G4 | G5 | G6 | G7 | G8 | G9 | G10 | P | L | QA |
|---|---|---|---|---|---|---|---|---|---|---|---|---|---|---|
| 1 | 7 | P | L | L | L | L | L | L | L | L | L | 1 | 9 | 0 |
| 1 | 8 | QA | QA | QA | QA | QA | QA | QA | QA | QA | QA | 0 | 0 | 5 |
| 2 | 7 | L | P | L | L | L | L | L | L | L | L | 1 | 9 | 0 |
| 2 | 8 | QA | QA | QA | QA | QA | QA | QA | QA | QA | QA | 0 | 0 | 5 |
| 3 | 7 | L | L | P | L | L | L | L | L | L | L | 1 | 9 | 0 |
| 3 | 8 | QA | QA | QA | QA | QA | QA | QA | QA | QA | QA | 0 | 0 | 5 |
| 4 | 7 | L | L | L | P | L | L | L | L | L | L | 1 | 9 | 0 |
| 4 | 8 | QA | QA | QA | QA | QA | QA | QA | QA | QA | QA | 0 | 0 | 5 |
| 5 | 7 | L | L | L | L | P | L | L | L | L | L | 1 | 9 | 0 |
| 5 | 8 | QA | QA | QA | QA | QA | QA | QA | QA | QA | QA | 0 | 0 | 5 |
| 6 | 7 | L | L | L | L | L | P | L | L | L | L | 1 | 9 | 0 |
| 6 | 8 | QA | QA | QA | QA | QA | QA | QA | QA | QA | QA | 0 | 0 | 5 |
| 7 | 7 | L | L | L | L | L | L | P | L | L | L | 1 | 9 | 0 |
| 7 | 8 | QA | QA | QA | QA | QA | QA | QA | QA | QA | QA | 0 | 0 | 5 |
| 8 | 7 | L | L | L | L | L | L | L | P | L | L | 1 | 9 | 0 |
| 8 | 8 | QA | QA | QA | QA | QA | QA | QA | QA | QA | QA | 0 | 0 | 5 |
| 9 | 7 | L | L | L | L | L | L | L | L | P | L | 1 | 9 | 0 |
| 9 | 8 | QA | QA | QA | QA | QA | QA | QA | QA | QA | QA | 0 | 0 | 5 |
| 10 | 7 | L | L | L | L | L | L | L | L | L | P | 1 | 9 | 0 |
| 10 | 8 | QA | QA | QA | QA | QA | QA | QA | QA | QA | QA | 0 | 0 | 5 |
|  | 150 |  |  |  |  |  |  |  |  |  |  | 10 | 90 | 50 |
| P |  | 1 | 1 | 1 | 1 | 1 | 1 | 1 | 1 | 1 | 1 |  |  |  |
| L |  | 9 | 9 | 9 | 9 | 9 | 9 | 9 | 9 | 9 | 9 |  |  |  |
| QA |  | 10 | 0 | 10 | 0 | 10 | 0 | 10 | 0 | 10 | 0 |  |  |  |

## 表格2　同時展示與觀摩任務時間統計表

| round | time | G1 | G2 | G3 | G4 | G5 | G6 | G7 | G8 | G9 | G10 | P | L | QA |
|---|---|---|---|---|---|---|---|---|---|---|---|---|---|---|
| 1 | 7 | P | L | P | L | P | L | P | L | P | L | 5 | 5 | 0 |
| 1 | 8 | QA | QA | QA | QA | QA | QA | QA | QA | QA | QA | 0 | 0 | 10 |
| 2 | 7 | P | L | P | L | P | L | P | L | P | L | 5 | 5 | 0 |
| 2 | 8 | QA | QA | QA | QA | QA | QA | QA | QA | QA | QA | 0 | 0 | 10 |
| 3 | 7 | P | L | P | L | P | L | P | L | P | L | 5 | 5 | 0 |
| 3 | 8 | QA | QA | QA | QA | QA | QA | QA | QA | QA | QA | 0 | 0 | 10 |
| 4 | 7 | P | L | P | L | P | L | P | L | P | L | 5 | 5 | 0 |
| 4 | 8 | QA | QA | QA | QA | QA | QA | QA | QA | QA | QA | 0 | 0 | 10 |
| 5 | 7 | P | L | P | L | P | L | P | L | P | L | 5 | 5 | 0 |
| 5 | 8 | QA | QA | QA | QA | QA | QA | QA | QA | QA | QA | 0 | 0 | 10 |
| 6 | 7 | L | P | L | P | L | P | L | P | L | P | 5 | 5 | 0 |
| 6 | 8 | QA | QA | QA | QA | QA | QA | QA | QA | QA | QA | 0 | 0 | 10 |
| 7 | 7 | L | P | L | P | L | P | L | P | L | P | 5 | 5 | 0 |
| 7 | 8 | QA | QA | QA | QA | QA | QA | QA | QA | QA | QA | 0 | 0 | 10 |
| 8 | 7 | L | P | L | P | L | P | L | P | L | P | 5 | 5 | 0 |
| 8 | 8 | QA | QA | QA | QA | QA | QA | QA | QA | QA | QA | 0 | 0 | 10 |
| 9 | 7 | L | P | L | P | L | P | L | P | L | P | 5 | 5 | 0 |
| 9 | 8 | QA | QA | QA | QA | QA | QA | QA | QA | QA | QA | 0 | 0 | 10 |
| 10 | 7 | L | P | L | P | L | P | L | P | L | P | 5 | 5 | 0 |
| 10 | 8 | QA | QA | QA | QA | QA | QA | QA | QA | QA | QA | 0 | 0 | 10 |
|  | 150 |  |  |  |  |  |  |  |  |  |  | 50 | 50 | 100 |
| P |  | 5 | 5 | 5 | 5 | 5 | 5 | 5 | 5 | 5 | 5 |  |  |  |
| L |  | 5 | 5 | 5 | 5 | 5 | 5 | 5 | 5 | 5 | 5 |  |  |  |
| QA |  | 10 | 10 | 10 | 10 | 10 | 10 | 10 | 10 | 10 | 10 |  |  |  |

同時展示與觀摩任務小組成果報告的優點歸納及說明。

**提高參與度與專注度**，採用攤位展示的方式，讓學生積極參與展示過程，而不僅僅是被動地等待報告。學生在展示時專注於與觀摩者互動，這樣的動態互動能夠有效提升學生對自身報告內容的投入度。而觀摩者因為需要主動選擇展示攤位進行觀摩，參與過程也更具主動性和自主性。主動學習能夠顯著提高學生的學習參與度，並強調透過互動學習讓學生更加投入，攤位形式就是一種促進主動學習的教學設計（Prince, 2004）。

**增強互動性與即時回饋**，攤位展示創造了一個互動的學習環境，學生可以即時與觀摩者交流，並根據現場反饋進行解釋或調整，這比傳統報告形式的單向呈現更加靈活。觀摩者也可以透過與展示者的對話，進一步深挖報告的內容，並給予即時回饋，形成互動學習的氛圍。及時的、互動式的回饋對於學生學習非常重要，攤位展示形式提供了更多的即時反饋機會，有助於學生改進和加深對報告內容的理解（Hattie & Timperley, 2007）。

**分散壓力與降低焦慮**，傳統報告通常是在全班同學面前進行，這可能使學生感到較大的壓力和焦慮。而攤位展示形式則讓每組學生只需與少數觀摩者交流，能夠降低公開報告的焦慮，提升他們在展示過程中的表現和自信心。當學生在高壓力情境下進行評估（如傳統報告時），會產生焦慮並影響其表現（Zeidner, 2005）。攤位展示分散了壓力，減少學生面對整個班級進行報告的壓力感。

**培養學生的回饋能力**，在這種模式下，觀摩者需要為攤位報告提供回饋，這不僅強化了他們的批判性思維，也培養了回饋技巧。這種主動反思和回饋的過程有助於觀摩者更多元的理解自己和他人，並提升他們分析和評估他人作品的能力。Topping強調了同儕互評對於學生批判性思維和回饋能力的培養作用，展示者和觀摩者的互動促進了更深層次的反思與評估能力（Topping, 2009）。

　　**靈活性與多樣性**，攤位展示形式為學生提供了更多展示方式的靈活性，學生可以透過視覺材料、模擬演示、互動工具等多種方式展示報告內容，這相比傳統的口頭報告方式能夠更好地激發創意和表達能力。同時，觀摩者可以自由選擇感興趣的攤位進行觀摩，增強了學習的多樣性和自主性。強調了體驗式學習的多樣性，攤位展示為學生提供了不同的表達方式和學習模式，促進了更靈活和創造性的學習體驗（Kolb, 2014）。

　　**時間管理與效率提升**，攤位展示形式將原本需要大量時間的順序報告調整為分段同步進行與展示，讓多組學生同時進行報告，觀摩者可以選擇不同的攤位進行觀摩，這樣大幅提高了整個報告過程的效率，同時減少了觀眾因等待報告而分心的情況。透過靈活的教學設計可以有效提升課堂活動的效率，攤位展示不僅提高了學習過程的效率，還保持了學生的專注力（Wiliam, D. 2011）。

　　同時展示與觀摩（SPOT）攤位展示形式將傳統的順序報告

模式轉變為動態的互動學習過程，透過提高參與度、增強互動性、減少壓力、培養回饋能力、提升靈活性與時間管理等多方面優勢，提供了一個更有效的學習平台。這樣的教學調整不僅解決了學生報告時不專心聽講、不積極回饋的問題，還能促進學生深層次的學習和技能發展。

## 四、關於跨領域課程設計流程

為了促進跨領域合作，本研究了解教師的課堂需求、學生的先備知識、課堂可以進行的時間、以及預期的教學目標。基於這些資訊，將探究式學習與實作相結合，並融入設計思考的體驗進行課程設計，從同理心開始，先同理團隊成員、再同理議題的利害關係人；釐清利害關係人可能面對到的課題，並引導課程成員將自身經驗與議題結合，啟發探究學習的機會；發想不同的解決方案，並透過線上案例、專家經驗、生成式AI的混合學習，更多元地找到解決方案；動手實作方案的原型架構，從手繪、紙模型、線上故事版、影片敘事等，依照跨域合作老師的需求制訂動手實作的方式；最後以同步展示與觀摩的小組報告型態同儕互評。這樣的設計引導探究與實作、以設計思考歷程為脈絡，促進創造性解決問題，增強學生的參與度和合作能力（具體的建構成長型思維方式，請見下一段落），並幫助教師更有效地實現教學目標。透過綜合教師與學生的需求，該課程設計將為學生提供一個具挑戰性且有實踐意義的學習

體驗,從而促進深度學習與跨領域合作。

## 五、關於課程促進成長型思維的具體設計

本研究為了促進成長型思維的學習過程,本研究以啟發一個人的創意為起點,願意開口分享後,再建立兩個人合作,進而以分組四人或者六人合作,最後進行同儕互評。

從**啟發個體創意並建立自信**的優點是學生能夠在沒有壓力的環境下發表自己的想法,這有助於他們建立自信,並激發內在動機。當學生能夠首先自由分享自己的創意時,他們更容易在後續的合作過程中保持主動性和積極性。創造力是個體內在動機和環境因素的結合,當學生感受到環境的支持時,他們的創造力更容易被激發(Amabile, 1996)。

**逐步擴展合作,從兩人合作到小組合作**,能讓學生先從兩人合作開始,降低合作的壓力,使他們逐步適應團隊動態。隨後的四人或六人小組合作進一步提升了團隊合作的複雜性和創造性。這種設計能夠幫助學生發展合作技巧,如協作溝通、分工與責任共擔等,並有效解決問題。Johnson與Johnson強調,合作學習能增強學生的社會互動,並透過團隊合作提升問題解決能力(Johnson & Johnson, 1987)。

**增強問題解決能力與批判性思維**,在四人或六人小組中合作,學生會接觸到更多不同的觀點,這促使他們進行更深層次

的思考,並能夠批判性地評估他人和自己的想法。這有助於提升他們的分析能力和創新思維。Gokhale的研究表明,小組合作學習能顯著提高學生的批判性思維和問題解決能力(Gokhale, 1995)。

**同儕互評促進反思性學習**,透過評估同儕的工作,學生不僅能提高自己的評估能力,還能學習不同的觀點和策略,從而提升自己的能力。這種過程也有助於學生在接受反饋時進行自我反思,進一步提升學習效果。同儕互評能夠促進學生的反思性學習,幫助他們自我調節學習進程(Nicol & Macfarlane-Dick, 2006)。

**逐步建立團隊信任與合作技巧**,從個體到二人、再到小組合作的漸進式過程,能幫助學生逐步建立信任與團隊合作的技巧。這樣的設計有助於減少合作的壓力,提升學生在不同合作階段的適應能力,並促進更有效的團隊合作。Tuckman的團隊發展理論(形成期、風暴期、規範期、表現期)指出,小組在逐步發展過程中,成員會逐漸建立信任,提升合作效能(Tuckman, 1965)。

這樣的課程設計歷程從啟發個體創意到同儕互評,不僅有效促進了學生的創意發展和自信心,還強化了合作學習、批判性思維和反思性學習。這種階段性的方法不僅降低了學生在合作中的壓力,也能逐步提升團隊合作的效果和學生的整體學習成效。

# 第四章　研究案例成效及貢獻

## 一、案例一、工程與防災—設計思考遇見震災現場（編號25）

本課程透過設計思考與地震防災的整合，讓學生能夠在模擬實境中學習，透過跨領域合作與團隊實作，深入理解震災現場的挑戰，並探索創新的解決方案，為未來的防災應變提供更多可能性。

**課程名稱**：設計思考遇見震災現場

**課程時間與地點**

- 時間：2021/12/18 - 2021/12/19，09:00 - 18:00
- 地點：成功大學勝利校區未來館

**課程目標**

本課程旨在透過設計思考的方式，引導學生深入理解地震災害，並透過體驗與討論，提升其問題分析與解決能力。具體目標包括：

1. 建立學生對設計思考的基礎概念
2. 培養地震災害應變的基礎知識
3. 探索震災現場的真實困境與挑戰

4. 透過體驗、跨領域合作與討論，提升學生的問題分析與解決能力

## 課程規劃

第一天

| 時間 | 課程內容 |
| --- | --- |
| 08:30-09:00 | 報到 |
| 09:00-10:30 | 設計思考案例分享，兩人一組設計地震防災APP |
| 10:30-12:00 | 地震房屋結構介紹，學習地震相關知識 |
| 12:00-13:00 | 小組交流與用餐 |
| 13:00-16:00 | 災害現場分析與脫困模式探討，不同生活場景面對地震的挑戰 |
| 16:00-18:00 | 當前救災困境探討 |

第二天

| 時間 | 課程內容 |
| --- | --- |
| 08:30-09:00 | 報到 |
| 09:00-12:00 | 災害現場實作與模擬震災發生狀況，實體樂高積木與虛擬空間觀察與建構 |
| 12:00-13:00 | 小組交流與用餐 |
| 13:00-18:00 | 震災現場創新方案分組實作、報告與回饋 |

## 學生組成

本課程吸引來自各學院與不同系所的學生，特別適合對設計思考與氣候變遷議題感興趣的學員。

- 參與學生：24位
- 助教人數：5位

## 學生學習成效

- 學生普遍表示，本課程提升了他們對地震災害的理解與敏感度。
- 透過設計思考，學生能夠發想創新的地震避難方案，進而提升自救與救災能力。
- 課後反思顯示，許多學生認為以往的地震演練流於形式，但透過此次課程，他們更深刻地意識到逃生知識與應變能力的重要性。
- 課程讓學生學習到全方位思考、邏輯推理與細微觀察等關鍵技能，進一步應用於地震災害的分析與應對。

## 教師跨領域合作成效

本課程由兩位專業教師跨領域合作授課，充分結合設計思考與工程專業，以提供學生更全面的學習體驗：

- 李孟學（不分系）：負責設計思考
- 劉光晏（土木系）：負責地震工程

本課程的跨領域整合，使學生能夠同時理解人本設計與技術挑戰，透過實作與團隊合作，達成更深層的學習體驗。許多學生

反映,他們在短短兩天內獲得的知識與技能,甚至比一整學期的學習還要豐富。

**學生回饋**

　　**A學生:**「我發現自己開始注意到平時容易忽略的事情。以前總覺得地震演練就像是過家家,做做樣子給教官看而已。然而,當災害真正發生時,我才意識到:我真的知道該如何避難嗎?我了解哪裡是安全區域、哪裡是不安全的嗎?我清楚逃生路線嗎?這些問題,我當下竟然都無法給出一個明確的答案。」

　　**B學生:**「我原本認為應對震災所需的能力只是少數幾項,然而經過這兩天的學習,我發現震災議題的複雜性遠超過我的想像。它涉及的領域廣泛多元,而有效的應變策略,則需要具備**全方位思考、邏輯推理與細緻觀察力**,才能真正提高防災與應變能力。」

樂高積木原型實作　學習梁柱與空間的關係

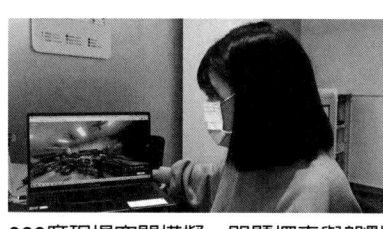

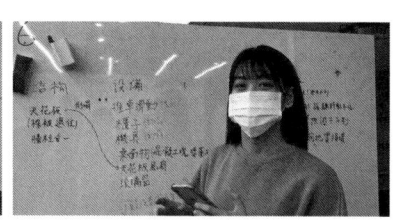

360度現場空間模擬、問題探索與盤點

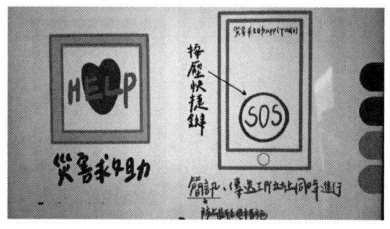

面對地震災害的創意發想與功能設計

## 二、案例二、人文與社會─原住民建築人才培育工作坊
　　（編號2）

　　本課程透過跨領域學習、AI數位應用與實作體驗，讓學生深入理解原住民族建築的價值與挑戰，並透過設計思考與科技應用，探索如何傳承並創新原住民族建築文化。本次課程的學習成果，不僅提升學生的學術知識，也為未來原住民族建築的發展帶來新的可能性。

**課程名稱**：原住民族建築人才培育工作坊
**課程時間與地點**

● 時間：2024/09/03（二）—2024/09/06（五），四天三夜

● 地點：國立成功大學建築學系、台灣原住民族文化園區（屏東縣瑪家鄉）、霧台社區（屏東縣霧台鄉）、岩板巷

**課程目標**

本課程透過原住民族傳統建築，特別是石板屋的構築歷程，探討原住民族建築發展的演變及其在當代所面臨的挑戰。課程結合建築學、法律制度與原住民族文化，透過跨領域學習與實作，探討如何在現代環境中傳承與創新原住民族建築技術。

具體目標包括：

1. 探索原住民族建築的文化價值與發展歷程，理解其傳統與當代挑戰。
2. 促進跨領域學習與合作，結合建築、法律、文化與工程技術的專業知識。
3. 透過實作學習傳統建築技術，體驗石板屋的設計與構築過程。
4. 結合AI與數位技術，運用生成式AI工具進行建築渲染、模擬與視覺化呈現。
5. 深化學員對原住民族社區的認識，鼓勵學生與當地居民交流，共同探索未來建築發展的可能性。

## 課程規劃

第一天（09/03）

| 時間 | 課程內容 | 授課教師 |
| --- | --- | --- |
| 08:20-08:30 | 報到與行程說明 | 宋立文 |
| 08:30-10:10 | 前往原住民族文化園區 | - |
| 10:10-12:10 | 原住民族特色建築概論 | 顏文成 |
| 13:30-16:30 | 文化園區導覽與踏查 | 園區導覽員 |
| 16:30-17:30 | 原住民族建築與法律制度 | 王毓正 |
| 19:00-21:00 | 破冰活動 | - |

第二天（09/04）

| 時間 | 課程內容 | 授課教師 |
| --- | --- | --- |
| 08:00-09:30 | 早餐及前往霧台社區 | - |
| 09:30-12:50 | 霧台社區、岩板巷導覽與踏查 | 導覽員 |
| 13:50-15:50 | 原住民族建築營建與工法 | 楊士賢 |
| 15:50-18:00 | 課程總結及返回成功大學 | - |

第三天（09/05）

| 時間 | 課程內容 | 授課教師 |
| --- | --- | --- |
| 09:10-10:10 | 原住民族特色建築的工法與結構 | 杜怡萱 |
| 10:10-12:20 | 石板屋探索互動工作坊（1, 2） | 李孟學 |
| 13:20-17:30 | 石板屋探索互動工作坊（3） | 李孟學 |
| 18:10-20:10 | 石板屋探索互動工作坊（4）：AI與數位操作 | 宋立文 |

第四天（09/06）

| 時間 | 課程內容 | 授課教師 |
|---|---|---|
| 09:00-11:00 | 原住民族建築的記憶與實踐 | 台邦・撒沙勒 |
| 11:10-12:10 | 原住民族建築的實踐與構築 | 楊詩弘 |
| 13:00-15:00 | 石板屋探索互動工作坊（5）：設計成果驗證 | 宋立文 |
| 15:20-17:00 | 成果發表會 | - |

## 學生組成

- **參與對象**：各大專院校學生、碩博士生，對設計思考、原住民建築、法律制度、民族文化有興趣者。
- **參與人數**：37位學生（成功大學22人，中原大學15人），其中原住民族及其他族群學生21人，漢族學生16人。
- **助教人數**：5位。

## 學生學習成效

1. 深化對原住民族建築的認識，了解石板屋的建築技術與文化價值。
2. 提升跨領域合作與設計思維能力，透過建築學、文化研究與工程技術的結合，進行建築方案的設計與分析。
3. 增強AI技術應用能力，學習使用Veras進行建築渲染、ChatGPT生成文本、Suno製作配樂、剪映編輯影片等。
4. 實作能力提升，透過樂高積木建模、設計思考、實地考察

等方式,將理論應用於實際建築設計。

**教師跨領域合作成效**

本課程由多位專家學者共同授課,結合建築設計、文化考古、土木工程與法律等多領域專業知識:
- 宋立文(建築學系):負責建築設計與數位建築技術
- 杜怡萱(建築學系):負責原住民建築結構與材料
- 王毓正(法律學系):負責原住民建築法規與法律議題
- 楊士賢(土木工程學系):負責建築工法與永續發展
- 台邦‧撒沙勒(考古學研究所):負責文化資產與傳統建築
- 李孟學(不分系):負責設計思考工作坊與AI技術應用

**學生回饋**

A學生:「這門課讓我更深刻理解石板屋的文化意涵,並思考如何結合現代建築技術來傳承。」

B學生:「透過法律課程,我認識到原住民建築面臨的法規挑戰,希望未來有更多政策支持原住民傳統建築的發展。」

C學生:「透過Veras與Suno,我們能將建築設計視覺化與音樂化,讓設計更具吸引力,這是很棒的學習經驗。」

## 古色穀香

「古色穀香」民宿，
位於隱秘的山谷之中，是大自然的懷抱，
充滿了生命的氣息與文化的底蘊。
這裡不僅是一個住宿的地方，
更是一個體驗當地文化、
享受自然美景的理想之地。

## 自然環境與文化體驗

**自然環境**

山谷中的景色令人屏息、清新的空氣、鳥叫聲、溪流潺潺，充滿了大自然的生命力。
民宿周圍的步道，可以讓您享受森林浴、欣賞各種植物，體驗自然的奧妙。

**文化體驗**

民宿位於原住民部落附近，可以體驗部落文化，感受當地住民的熱情與友善。
參與部落活動，學習傳統工藝，像是編織、陶藝，感受傳統文化的魅力。

民宿　古色穀香　使用Veras製作建築渲染圖

元素

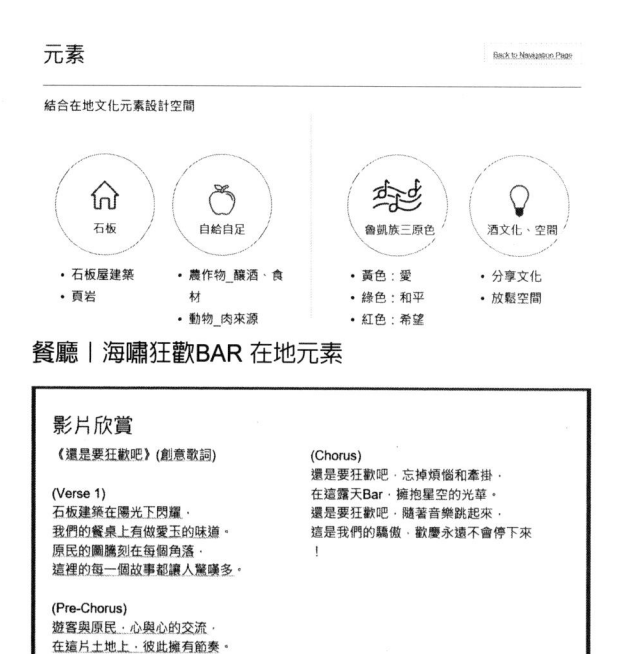

結合在地文化元素設計空間

石板
- 石板屋建築
- 頁岩

自給自足
- 農作物_釀酒、食材
- 動物_肉來源

會飢族三原色
- 黃色：愛
- 綠色：和平
- 紅色：希望

酒文化、空間
- 分享文化
- 放鬆空間

Back to Navigation Page

餐廳｜海嘯狂歡BAR 在地元素

影片欣賞

《還是要狂歡吧》(創意歌詞)

(Verse 1)
石板建築在陽光下閃耀，
我們的餐桌上有做饗宴的味道。
原民的圖騰刻在每個角落，
這裡的每一個故事都讓人驚嘆多。

(Pre-Chorus)
遊客與原民，心與心的交流，
在這片土地上，彼此擁有節奏。
自然的生態，與文化一起飛揚，
自給自足的生活讓夢想綻放！

(Chorus)
還是要狂歡吧，忘掉煩惱和牽掛，
在這露天Bar，擁抱星空的光華。
還是要狂歡吧，隨著音樂跳起來，
這是我們的驕傲，歡慶永遠不停下來！

餐廳｜海嘯狂歡BAR　創意歌詞

# 三、案例三、人文與社會—設計思考遇見校園愛情故事
（編號13、14）

　　本課程成功將設計思考、古典文學與生成式AI結合，讓學生在創意發想與數位內容創作的過程中，深化對文學的理解，並培養創新能力。透過AI，學生不僅能夠將文本轉化為數位故事與音樂，更能夠從文化視角思考愛情的多種可能性，為未來的文學教育提供新的創新模式。

## 課程名稱：設計思考遇見月老

**課程時間與地點**

- 時間：2024/10/16（三）—2024/10/18（五），15:00-21:00（共三梯次）
- 地點：成功大學軍訓大樓6021教室、成功大學水利系4627室

## 課程目標

本課程將設計思考與古典文學結合，透過愛情與月老主題，引導學生應用設計思考方法，發想創意商品與故事，並運用AI技術進行創作。

具體目標包括：

1. 古典小說精讀分析，培養學生閱讀與鑑賞能力。
2. 探討不同類型小說的發展與價值，提升學生的文化素養。
3. 培養設計思考與創意發想能力，透過實作提升問題解決技能。
4. 團隊合作訓練，促進跨領域討論與共創能力。
5. 數位工具應用，透過AI助力生成故事內容、圖片與音樂，強化視覺與聽覺表達。

## 課程規劃

| 時間 | 課程內容 |
| --- | --- |
| 15:00-16:00 | 何謂設計思考，創意發想練習（37聯想、30個圓圈聯想挑戰） |
| 16:00-17:30 | 戀愛商品設計，學生透過訪談、修正、回饋，為受訪者設計專屬戀愛商品，並於Padlet平台上傳，進行投票回饋 |
| 17:30-18:00 | 戀愛故事接龍，運用故事骰進行小組腦力激盪 |
| 18:00-18:45 | 晚餐時間 |
| 18:45-19:30 | 小組海報聯想，探索「我與戀愛的聯想」（戀愛前、中、後），並結合古典小說元素（如月老、食衣住行育樂）發想創意 |
| 19:30-21:00 | 繪本／音樂專輯製作，學生使用ChatGPT生成故事，並透過Midjourney、SUNO等AI工具製作音樂與視覺內容 |

## 學生組成

- **參與對象**：各大專院校學生，對設計思考與古典文學結合有興趣者，特別適合初次參與設計思考工作坊的學生
- **參與人數**：209位學生
- **授課教師**：2位教師（李孟學、李淑如），課程分為三場次，每場約70位學生

## 學生學習成效

1. **提升文本理解能力**：學生透過精讀《唐人傳奇》、〈定婚店〉、《裴鉶傳奇》、〈聶隱娘〉、《搜神記》，深化對古典小說的理解。

2. 增強創意思維與設計思考能力：運用設計思考五步驟（同理、定義、發想、原型、驗證），發展獨特的愛情商品與故事。
3. 數位工具應用能力提升：透過ChatGPT、Suno、Midjourney等AI工具，學習如何生成故事、配樂與視覺內容。
4. 團隊協作與溝通能力加強：學生透過跨組討論、作品互評，提升團隊合作與批判思考能力。
5. 多媒體創作能力提升：學生透過AI生成技術，將文本轉化為數位故事繪本與音樂專輯，增強跨媒體敘事能力。

## 教師跨領域合作成效

本課程由兩位教師聯合授課，整合古典文學與設計思考，提升學生的跨領域學習體驗：

- 李淑如（中文系）：負責古典小說選讀與文化分析
- 李孟學（不分系）：負責設計思考與AI技術應用

透過兩位教師的專業互補，學生能夠從文本解析、創意思考到數位工具運用，完整體驗從故事構想到數位化創作的過程。

## 學生回饋

A學生：「這門課顛覆了我對國文課的想像，原來古典文學也能透過AI轉化為視覺與音樂作品，這讓我對設計思考產生了濃厚興趣！」

**B學生**：「AI讓我們的創作更加生動，透過ChatGPT生成故事、SUNO製作音樂，讓故事更具沉浸感，這是我第一次用AI進行完整創作，收穫很多！」

**C學生**：「我從未想過可以這樣學國文，透過AI，我們不僅學習到文本，還能設計戀愛商品，並且用AI生成海報與專輯，這是一個很棒的創作經驗！」

## 期末成品

本課程的最終成果包括：

1. **戀愛商品設計**：學生根據訪談結果，設計獨特的戀愛商品，如「正能量製造機」、「陽光客製販賣機」等。
2. **AI劇本創作**：學生使用ChatGPT生成故事，並透Midjourney製作視覺化內容，如《夢中的紅線》、《愛上的是曖昧》。
3. **AI音樂專輯**：學生運用SUNO生成音樂，創作專輯如《迷霧中的愛》、《戀愛的哥布林》，並搭配AI生成歌詞與封面設計。
4. **跨組合作與作品展示**：學生將成果上傳至Padlet進行互評，並於期末發表會進行創意分享。

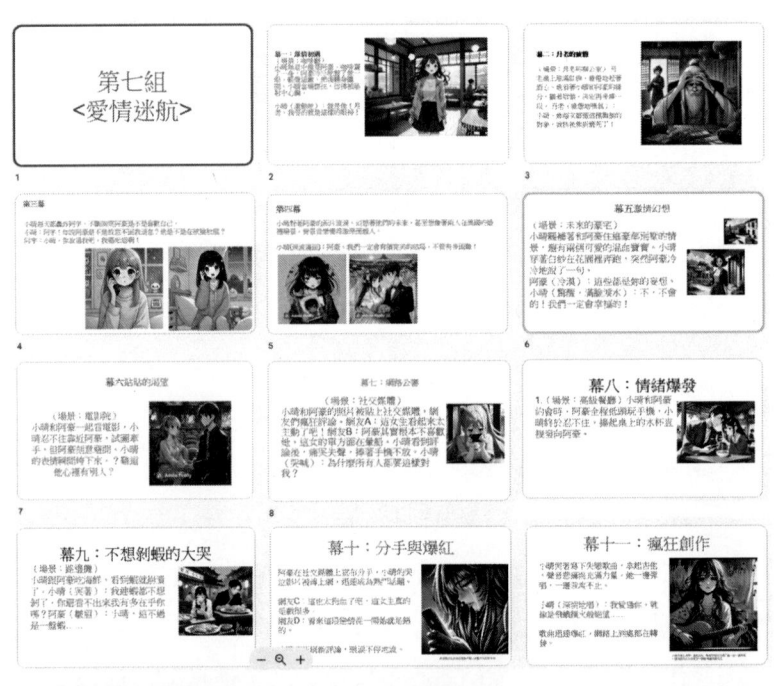

# 056　設計思考在跨領域課程的應用與挑戰

文學轉譯為戀愛主題的故事繪本　愛情迷航

文學轉譯為戀愛主題的音樂專輯　誰愛談誰談　哥布林愛談

## 四、BRIDGE-SPOT在不同學科的應用

### (一)、文科領域的應用

1. 議題與課程設計

- **文學與文化研究**：在文學類課程中，教師可利用BRIDGE-SPOT的「同理」與「探究式學習（I）」相結合，引導學生閱讀文本時，除探討文字表面意義，也思考作品中的歷史、文化與社會脈絡。課程可聚焦於經典文本或當代文學作品，讓學生透過「同理」（Design Thinking）的角度理解角色與情境，再用「探究式學習(I)」策略搜尋相關學術文章、歷史背景與文化風俗等資料，培養學生批判性閱讀與多元文化視野。

- **語言學與翻譯**：如英語教學或翻譯課程，學生能在BRIDGE-SPOT的「混合學習(B)」與「反思實踐(R)」階段運用線上語言資源或翻譯工具，並在實體課堂以小組形式討論譯文或不同語言表達方式；再在成果發表（SPOT）中，透過攤位展示方式，由不同小組互相觀摩與回饋。

2. 典型課程活動

- **文本改寫與創作**：在「課程實作（In-class activity）」階段，以短篇小說或詩歌為素材，學生運用「設計思考(D)」中的「原型」（Prototype）概念，嘗試改寫或繪製圖像，實作

跨媒體轉譯。此時也會結合「反思實踐(R)」，讓學生在小組或個人階段反思自己的文本詮釋與創作過程。
- 期末繪本／劇場發表：於成果發表（SPOT）階段，學生可在攤位上展示改編作品、朗讀劇或小短劇。透過「同儕互評」取得更多元回饋，學生再進入「課後反思」（Post-class reflection），重新檢討自己對文本理解與創作技法的運用。

3. 文科領域特點與挑戰
- 特點：多元解讀、重視人文思維與深層詮釋，BRIDGE-SPOT有助於促進學生跨文本、跨文化對話，以及在多元觀點間進行同理與討論。
- 挑戰：文本詮釋較為抽象，需確保探究與實作環節能落地。例如在「設計思考(D)」階段如何評估「解決方案」的可行性，可能不如工程領域有明確的量化標準，而是透過學生自我陳述、同儕回饋及教師評估等形成評量方式。

(二)、社會科學領域的應用

1. 議題與課程設計
- 公共政策與社會議題：在社會學、政治學或公共行政等課程中，教師可帶領學生選定真實社會議題，如住宅正義、環境保護、都市治理等，並在「同理」（Empathize）階段了解利害關係人的立場與需求。在「探究式學習(I)」階

段則搜尋統計數據、政府報告或國際組織分析作為理論與實證基礎。
- **行銷與大眾傳播**：在傳播或行銷相關課程，學生可運用「設計思考(D)」的「發想」（Ideate）與「原型」（Prototype）步驟，規劃宣傳活動、媒體內容或社群行銷策略；同時以「混合學習(B)」補充市場調查與專家訪談資料。

2. 典型課程活動

- **案例分析與角色扮演**：在「課程實作」（In-class activity）階段，讓學生分組扮演利害關係人（如政府、企業、NGO、社區），透過「同理」（Empathize）討論各自立場與限制，再運用「反思實踐(R)」的方式評估自己或他組提出的公共政策提案可行性。
- **調查研究與專題報告**：學生可將「探究式學習(I)」結合問卷調查、訪談或田野調查，完成對特定社會議題的數據蒐集與分析。成果可在期末以SPOT形式展示：學生以攤位海報或簡報方式呈現研究發現，並透過同儕及教師回饋進行討論與修正。

3. 社會科學領域特點與挑戰

- **特點**：重視資料蒐集、實證分析與理論應用，BRIDGE-SPOT可以更有系統地帶領學生同理政策對象或社會群體，

並提供多元回饋機制（SPOT）讓學生不斷修正想法。
- **挑戰**：社會科學多涉及「人」的要素，實作與原型（Prototype）的檢驗往往需要中長期觀察。必須在課程計畫時，考慮如何在有限時間內讓學生進行深入探究及測試，並在期末或後續課程繼續追蹤。

(三)、工程領域的應用

1. 議題與課程設計

- **產品開發與原型製作**：在工程設計、機械、電子或程式相關課程，可將BRIDGE-SPOT應用於一連串實作專案。例如「課程導入」（Class introduction）透過地震防災、機器人設計或綠能發電等真實議題，激發學生問題意識；讓學生在「探究式學習(I)」階段查閱相關技術資料或文獻。
- **系統整合與跨領域合作**：工程領域課程常需與其他專業（如設計、美術、商業）合作。此時，「課程實作」（In-class activity）裡的「設計思考(D)」與「成長型思維(G)」可鼓勵學生在技術與人文需求之間找平衡。尤其在Prototype製作階段，學生必須多次反覆測試硬體或軟體。

2. 典型課程活動

- **動手實作與測試**：在「行動」（Acting）階段裡的實作活動，學生以程式語言或硬體元件搭建初步原型，再以「評

估(E)」過程檢驗功能；若失敗則回到「反思實踐(R)」重新思考改進方案。
- **工程競賽或發表**：期末「成果發表」（SPOT）時，攤位展示可讓不同組別同時呈現機器人作品、電路設計或程式執行成果；觀眾與評審可以即時互動或測試原型。此外也能透過講評、問答或小組投票比賽形式，刺激學生不斷優化。

3. 工程領域特點與挑戰

- **特點**：製作原型與測試具有高度可操作性，課程中更容易具體量化成果（如功能是否達標、程式執行速度、硬體穩定度等），學生也能立即看到測試結果，獲得較直觀的回饋。
- **挑戰**：工程課程往往需要專業儀器或技術支持，若設備不足或課程時間有限，可能使學生無法完成完整的原型開發與測試。此時，BRIDGE-SPOT架構下的「混合式學習(B)」可幫助學生在課前或線上階段先熟悉基礎理論與操作流程，在實體課堂短時間內專注於實際動手做與團隊協作。

(四)、文科、社會科學、工程領域應用的異同

1. 課程目標與成果

- **文科**：著重於文本詮釋、情感理解與文化脈絡。成果常以報告、繪本、短劇、音樂創作等具有人文特色的形式呈現。
- **社會科學**：聚焦於公共議題、數據分析與理論應用。成果

可能是政策提案、調查報告或分析模型,並在課程中充分運用現實案例。
- **工程**:注重解決實際技術問題,成果常是可運作的模型或程式,並需透過測試與量化指標評估成效。

2. 教師角色與需求

- **文科教師**:除需要具備文學或文化背景知識外,也需掌握簡易專案管理或跨媒體創作指導,讓學生的創意能在實作中落地。
- **社會科學教師**:必須協助學生蒐集、分析與整合多元資料,包括量化統計、訪談、問卷等,並在課堂中引導政策或理論應用的討論。
- **工程教師**:同時扮演技術支援和創意思考的促進者。需在課堂管理上提供硬體設備、軟體平台與實驗空間,並兼顧學生安全與學習進度。

3. 評量方式的差異

- **文科**:評量維度可包含創造力、文本深度分析、跨文化或跨文本融會,以及表達能力。較易使用學習單、作品集、口頭敘述作為評量依據。
- **社會科學**:偏向研究報告、政策模擬或田野調查成果,需同時評估學生的研究設計、數據處理和理論應用能力。

- 工程：更強調功能測試、效能數值與可行性評估,也可能結合團隊專案報告、程式碼檢核、硬體演示等多種形式。

(五)、跨學科整合下的 BRIDGE-SPOT 彈性與價值

**BRIDGE-SPOT**架構在文科、社會科學、工程三種領域均能發揮助益,但實際操作方式有所差異。整體而言:

1. 課程設計多元

- BRIDGE-SPOT的七大要素(Blended、Reflective、Inquiry-based、Design Thinking、Growth Mindset、Evaluation、SPOT)可根據不同領域與課程需求進行彈性調整。
- 如文科可強化「文本詮釋與創作」、社會科學著重「田野調查與公共議題分析」、工程則專注於「技術研發與原型測試」。

2. 協作機制與指導策略

- 在文科與社會科學課程中,教師可能需要較多引導式討論(Discussion-based)和思考脈絡鋪陳,以免學生面對複雜的人文或社會情境時迷失方向。
- 工程課程側重動手操作,也需提供完善的實驗或工作坊空間,並在過程中兼顧安全與時間控管。

3. 跨領域整合潛力

- BRIDGE-SPOT，可激發更豐富的跨界合作。例如，文科學生可提供人文洞察，社會科學學生擅長調查與統計，工程學生能負責開發技術原型。
- 透過SPOT互動式發表，大家能互相觀摩作品或研究成果，產生更多反思與協同增益。

因此，**BRIDGE-SPOT**的最大特色在於其可移植性與在地化調整能力。無論是文科、社會科學或工程領域，只要在課程設計中明確設定教學目標、設定好學生學習與實作步驟，並保留必要的反思與回饋機制，都能發揮此架構在「深化學習」、「培養創造力與問題解決能力」、「強化跨領域溝通」等層面的潛力。

## 五、教學實踐研究範疇與貢獻

本研究延續教育部苗圃計畫培養跨領域師資的精神，除了個人實踐開設的設計思考融入教學的課程之外，更大量與跨領域的師資合作，設計不同主題的課程，主題包含資料科學、薩提爾模式對話溝通、跨領域教學、防災教案、防災輔導團、偏鄉營養午餐、臨床醫師教學、護理師領導、成大老人醫院周全性評估、企業主管溝通領導、跨領域防災議題。

**大學推動**：學生層面上，重點在於資料科學的學習以及運用薩提爾模式進行對話與溝通，這有助於學生建立有效的溝通技巧及解決問題的能力。**教師**層面則側重於推動跨領域教學，尤其是苗圃教師的培訓，鼓勵他們在不同學科之間進行合作，提升教學的多元化與深度。

**大學與K12的合作**：K12教師的防災教案開發，是將防災知識與實踐帶入課堂，幫助教師設計出適合不同年齡層學生的防災教學計劃。

**K12教育**：防災輔導團針對K12教師進行專業的輔導與培訓，確保防災教育在學校層面得到有效推動與實施。

**K12與產業的合作**：專家層面上，營養師參與偏鄉學校的營養午餐設計與規劃，解決偏遠地區的營養不良問題，提升學生的健康水平。

**產業層面：醫療專家**如成大醫院與台南醫院的醫師與護理師，在健康教育和醫療照護方面推動課程，提升社會對醫療和健康問題的關注。

**大學與產業的合作**：成大老人醫院與成大EMBA的高階主管合作推動，結合醫療與商業管理的跨領域課程，促進健康照護與管理領域的創新。

**大學、K12與產業的合作**：對於學生，開設如水患防災社區、防汛志工等實踐課程，讓學生參與到實際的社區服務與災害防治活動中，這類課程旨在提升學生的社會責任感及實際操作能力。

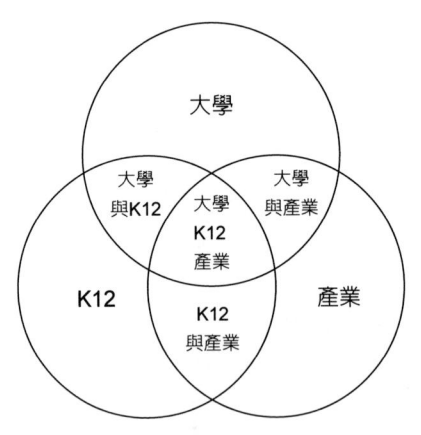

本研究推動教學實踐的影響範疇示意圖

### 表格3　影響範疇與教學推動議題說明

| 範疇 | 推動對象與議題說明 |
|---|---|
| 大學 | 學生：資料科學、薩提爾模式對話與溝通<br>教師：跨領域教學（苗圃教師） |
| 大學與K12 | 教師：防災教案開發（K12教師） |
| K12 | 教師：防災輔導團（K12教師） |
| K12與產業 | 專家：偏鄉營養午餐（營養師） |
| 產業 | 專家：成大醫院（醫師）、台南醫院（護理師）、 |
| 大學與產業 | 專家：成大老人醫院（醫師、護理師）、成大EMBA（企業高階主管） |
| 大學K12與產業 | 學生：水患防災社區、防汛志工、二日成名、提案松、地震應變松、防疫素人等課程。 |

## 六、對學生跨領域學習的影響

　　**學生積極參與課堂活動**，學生在跨領域的課堂能主動參與課堂討論和實作，提出建設性意見，並展現出批判性思維和創意。積極參與的學生通常會更願意挑戰自我，進行深度學習和解決問題的過程，這些都是有效學習的關鍵因素（Bonnstetter, 1998; Crouch & Mazur, 2001）。教師可以觀察學生是否積極回答問題，是否主動參與小組活動，並且是否能在合作中產生創新想法（Angelo & Cross, 1993）。

　　**學習成果顯著**，當學生能靈活運用所學知識，且在課堂活動中表現出解決問題的創意和能力時，他們已將知識內化，並能夠在考試和展示中展現深度理解（Wessel, 2015）。教師可以觀察學生在實作活動中的表現，看他們是否能自主完成任務、有效應用知識並解決問題，這些均是學習成果的指標（Taylor & Tyler, 2012）。

　　**學生能有效進行反思**，學生在課堂上能對學習過程進行反思，辨識出學習中的困難並提出改進方案，這種反思能力可促進自我導向的學習和策略性學習（Gibbs, 1988）。教師可以設計反思活動，觀察學生如何評估自己的學習過程，並看他們是否能針對表現提出具體的改進措施（Benton et al., 2013）。

## 七、對老師跨領域教學的影響

　　藉由實際課堂的投入與示範,反思引導學生討論的經驗,部分老師可能缺乏有效引導學生討論的經驗,無法激發學生的思考或互動,導致討論氣氛冷清或偏離主題(Muir et al., 2020)。本研究的示範與投入,透過共同設計課程,並實際示範如何引導學生討論,讓老師能觀察你的操作技巧,學習如何提出啟發性問題、促進學生之間的對話與互動(Martin, Wang & Sadaf, 2018)。

　　**有效時間管理與教學進度規劃**,部分老師在課堂上可能無法有效管理時間,導致課程進度過慢或過快,影響學習效果(Taylor & Tyler, 2012)。本研究設計的課程中,根據每個學習環節的目標與內容,幫助老師安排適當的時間分配,並在課堂上示範如何靈活調整進度,根據學生的反應做即時調整(Benton et al., 2013)。

　　**實際操演即時課堂調整的情境**,教師有時缺乏在課堂上即時根據學生反應做出教學調整的能力,容易固守原本教案,無法靈活應變(Muir et al., 2020)。本研究示範了如何根據學生的即時反饋調整教學策略,例如適當延長或縮短討論時間,或是重新解釋困難的概念,並讓老師在實踐中學習如何靈活應對(Anderson & Burns, 1991)。

　　**課堂設計的創新與實作實踐困難**,部分老師對於如何設計具有創意且能引導學生參與的課程感到困難,課程可能過於理論化

或缺乏實作環節（Diefenthaler et al., 2017）。本研究與老師共同設計課程，結合實作與討論，讓老師看到課程如何從理論轉化為實際操作，並通過共同授課的方式，逐步提升他們的課程設計與執行能力（Paolini, 2015）。

# 參考文獻

Alducin-Ochoa, J. M., & Vázquez-Martínez, A. I. (2016). Hybrid learning: An effective resource in university education? *International Education Studies, 9*(8), 1–14.

Amabile, T. M. (1996). *Creativity and innovation in organizations*. Harvard Business School.

Anderson, L. W., & Burns, R. B. (1991). *Research in classrooms: The study of teachers, teaching, and instruction*.

Angelo, T. A., & Cross, K. P. (1993). *Classroom assessment techniques: A handbook for college teachers* (2nd ed.). Jossey-Bass.

Astin, A. W. (2014). Student involvement: A developmental theory for higher education. In *College student development and academic life* (pp. 251–262). Routledge.

Benton, S. L., & Cashin, W. E. (2013). Student ratings of instruction in college and university courses. In *Higher education: Handbook of theory and research: Volume 29* (pp. 279–326). Springer.

Bishop, J. L., & Verleger, M. A. (2013). The flipped classroom: A survey of the research. *ASEE National Conference Proceedings, 30*(9), 1–18.

Bolton, G. E., & Delderfield, R. (2018). *Reflective practice: Writing and professional development*.

Bonnstetter, R. J. (1998). Inquiry: Learning from the past with an eye on the future. *The Electronic Journal for Research in Science & Mathematics Education.*

**Boyle, J. T., & Nicol, D. J. (2003).** Using classroom communication systems to support interaction and discussion in large class settings. *ALT-J, 11*(3), 43–57.

**Britten, P., & Iwaoka, W. (1999).** Helping students develop critical thinking skills. *Food Technology, 53*(4), 44–49.

**Brown, T. (2008).** Design thinking. *Harvard Business Review, 86*(6), 84–92.

**Canning, E. A., Muenks, K., Green, D. J., & Murphy, M. C. (2019).** STEM faculty who believe ability is fixed have larger racial achievement gaps and inspire less student motivation in their classes. *Science Advances, 5*(2), eaau4734. https://doi.org/10.1126/sciadv.aau4734

**Choi, B. C., & Pak, A. W. (2006).** Multidisciplinarity, interdisciplinarity, and transdisciplinarity in health research. *Clinical and Investigative Medicine, 29*(6), 351–364.

**Connell, J. P., & Wellborn, J. G. (1991).** Competence, autonomy, and relatedness: A motivational analysis of self-system processes.

**Crouch, C. H., & Mazur, E. (2001).** Peer instruction: Ten years of experience and results. *American Journal of Physics, 69*(9), 970–977. https://doi.org/10.1119/1.1374249

**Deci, E. L., & Ryan, R. M. (2000).** Intrinsic and extrinsic motivations: Classic definitions and new directions. *Contemporary Educational Psychology, 25*(1), 54–67. https://doi.org/10.1006/ceps.1999.1020

**Diefenthaler, A., Moorhead, L., Speicher, S., Bear, C., & Cerminaro, D. (2017).** Thinking & acting like a designer: How design thinking supports innovation in K–12 education. *Wise & Ideo, 6*(3), 2018.

**Disengagement, E. M. O. S. (2020).** Eight myths of student disengagement: Creating classrooms of deep learning classroom insights from educational psychology. *SAGE, 11*(36).

**Eccles, J. S. (1983).** Expectancies, values, and academic behaviors. In *Achievement and achievement motives* (pp. 75–146). Freeman.

**Elliot, J. (1991).** *Action research for educational change.* McGraw-Hill Education (UK).

**Fook, J., & Gardner, F. (2007).** *Practising critical reflection: A resource handbook.* McGraw-Hill Education (UK).

**Fredricks, J. A. (2014).** *Eight myths of student disengagement: Creating classrooms of deep learning.* Corwin Press.

**Gibbs, G. (1988).** *Learning by doing: A guide to teaching and learning methods.* Further Education Unit.

**Gokhale, A. A. (1995).** Collaborative learning enhances critical thinking.

**Harlen, W. (2013).** *Assessment & inquiry-based science education: Issues in policy and practice.* Global Network of Science Academies (IAP) Science Education Programme (SEP).

**Hattie, J., & Timperley, H. (2007).** The power of feedback. *Review of Educational Research, 77*(1), 81–112.

**Hmelo-Silver, C. E. (2004).** Problem-based learning: What and how do students learn? *Educational Psychology Review, 16*(3), 235–266.

**Jackson, P. (2002).** Life in classrooms. In *Teaching and learning in the primary* *school* (pp. 123-128). Routledge.

Johnson, D. W., & Johnson, R. T. (1987). *Learning together and alone: Cooperative, competitive, and individualistic learning.* Prentice-Hall.

Kolb, D. A. (2014). *Experiential learning: Experience as the source of learning and development.* FT Press.

Lewin, K. (1946). Action research and minority problems. *Journal of Social Issues,* 2(4), 34-46.

Lewin, K. (1947). Group decision and social change. *Readings in Social Psychology,* 3(1), 197-211.

Martin, F., Wang, C., & Sadaf, A. (2018). Student perception of helpfulness of facilitation strategies that enhance instructor presence, connectedness, engagement and learning in online courses. *The Internet and Higher Education,* 37, 52-65. https://doi.org/10.1016/j.iheduc.2018.01.003

Matthews, D. (2007). Book review: Mindset: The new psychology of success, by Dweck, C. S. (2006). *Gifted Children,* 1(2), 7.

Muir, T., Milthorpe, N., Stone, C., Dyment, J., Freeman, E., & Hopwood, B. (2020). Facilitation strategies for enhancing the learning and engagement of online students. *Journal of University Teaching & Learning Practice,* 17(5), Article 7. https://ro.uow.edu.au/jutlp/vol17/iss5/7

Nicol, D. J., & Macfarlane-Dick, D. (2006). Formative assessment and self-regulated learning: A model and seven principles of good feedback practice. *Studies in Higher Education,* 31(2), 199-218.

Novo, C., Tramonti, M., Dochshanov, A. M., Tuparova, D., Garkova, B.,

Eroglan, F., ... & Vaz de Carvalho, C. (2023). Design thinking in secondary education: Required teacher skills. *Education Sciences, 13*(10), 969. https://doi.org/10.3390/educsci13100969

Panke, S. (2019). Design thinking in education: Perspectives, opportunities and challenges. *Open Education Studies, 1*(1), 281–306. https://doi.org/10.1515/edu-2019-0022

Paolini, A. (2015). Enhancing teaching effectiveness and student learning outcomes. *Journal of Effective Teaching, 15*(1), 20–33.

Parker, M., Cruz, L., Gachago, D., & Morkel, J. (2021). Design thinking for challenges and change in K–12 and teacher education. In *(Vol. 24, pp. 3–14)*. SAGE Publications.

Poon, J. (2013). Blended learning: An institutional approach for enhancing students' learning experiences. *Journal of Online Learning and Teaching, 9*(2), 271.

Prince, M. (2004). Does active learning work? A review of the research. *Journal of Engineering Education, 93*(3), 223–231.

Razzouk, R., & Shute, V. (2012). What is design thinking and why is it important? *Review of Educational Research, 82*(3), 330–348. https://doi.org/10.3102/0034654312457429

Rolfe, G. (1998). *Expanding nursing knowledge: Understanding and researching your own practice.*

Ryan, R. M., & Deci, E. L. (2002). Overview of self-determination theory: An organismic dialectical perspective. In *Handbook of self-determination* research (pp. 3–33).

Schlechty, P. C. (2002). *Working on the work: An action plan for teachers, principals, and superintendents.* Jossey-Bass.

Schön, D. A. (2017). *The reflective practitioner: How professionals think in action.* Routledge.

Taylor, E. S., & Tyler, J. H. (2012). The effect of evaluation on teacher performance. *American Economic Review, 102*(7), 3628–3651. https://doi.org/10.1257/aer.102.7.3628

Topping, K. J. (2009). Peer assessment. *Theory Into Practice, 48*(1), 20–27. https://doi.org/10.1080/00405840802577569

Tuckman, B. W. (1965). Developmental sequence in small groups. *Psychological Bulletin, 63*(6), 384–399.

Ungaretti, T., Chomowicz, P., Canniffe, B. J., Johnson, B., Weiss, E., Dunn, K., & Cropper, C. (2009). Business+ design: Exploring a competitive edge for business thinking. *SAM Advanced Management Journal, 74*(3).

Wang, Q., & Woo, H. L. (2010). Investigating students' critical thinking in weblogs: An exploratory study in a Singapore secondary school. *Asia Pacific Education Review, 11*, 541–551. https://doi.org/10.1007/s12564-010-9095-2

Wessel, A. (2015). Peer learning strategies in the classroom. *Journal on Best Teaching Practices, 2*(1), 23–24.

Wiliam, D. (2011). What is assessment for learning? *Studies in Educational Evaluation, 37*(1), 3–14.

Yeager, D. S., Hanselman, P., Walton, G. M., Murray, J. S., Crosnoe, R., Muller, C., ... & Hinojosa, C. P. (2019). A national experiment reveals where a growth mindset improves achievement. *Nature, 573*(7774), 364–369. https://doi.org/10.1038/s41586-019-1466-y

Zeidner, M. (2005). Test anxiety: The state of the art.

# 附件 各場次工作坊編號與摘要說明

主題一、人文與社會（17場）；主題二、大學治理與教師增能（8場）；主題三、工程與防災（12場）；主題四、跨校合作（5場）；主題五、醫學與生物（17場）。

## 主題一：人文與社會

此主題包含編號：1、2、3、4、5、6、7、8、9、10、11、12、13、14、15、16、17，聚焦人文與社會層面之議題，如偏鄉學校午餐、原住民族建築、心理與文創、校園愛情等。透過設計思考與跨領域合作，培養參與者的同理心、創新思維與社會責任感。

編號1

| 工作坊名稱 | 設計思考遇見偏鄉學校午餐 |
|---|---|
| 跨領域合作教師 | 建築系　宋立文老師 |
| 時間與時數 | 2022.07.27-28，18小時 |
| 對象 | 大學生 |
| 工作坊目標 | 透過設計思考的同理與發想過程，讓大學生親身體會偏鄉學校午餐在食材採購、運輸以及烹調過程中所面臨的複雜挑戰。從食材來源的選擇，到菜色設計與營養評估，學生透過實地或情境案例了解偏鄉地區在資源取得與物流效率上可能遭遇的困境。藉由多元討論與跨領域知識交流，產生可行的改進策略並思考如何落實於學校午餐制度中，使更多偏鄉孩子能獲得均衡、健康且永續的用餐機會。 |

編號2

| 工作坊名稱 | 原住民族建築人才培育 |
|---|---|
| 跨領域合作教師 | 建築系　宋立文老師 |
| 時間與時數 | 2023.08.30-31，18小時 |
| 對象 | 原住民學生、一般生 |
| 工作坊目標 | 結合建築專業與原住民族文化背景，讓不同領域與身份的學生共同深入探討原住民族傳統建築所蘊含的文化意涵與生態智慧。工作坊帶領學員透過踏勘、案例分析與小組討論，理解傳統建築在現代環境下的應用可能性。經由設計思考方法培養的創新與同理能力，學員能提出實際可行且尊重在地文化的建築設計方案，也有助於推動原住民族建築教育的人才培育與永續發展。 |

編號3

| 工作坊名稱 | 聯合菜單設計思考工作坊 |
|---|---|
| 跨領域合作教師 | 建築系　宋立文老師 |
| 時間與時數 | 2023.05.06，6小時 |
| 對象 | 營養師、午餐祕書 |
| 工作坊目標 | 本工作坊旨在幫助營養師與午餐祕書跳脫既有思維，聯合規劃符合學生成長需求與健康標準的學校菜單。參與者將以使用者（師生）為中心，借由同理訪談、情境模擬和頭腦風暴等活動，釐清規劃營養餐食時的痛點與資源限制。透過設計思考迭代流程，嘗試解決菜單營養配比、口味多樣化、預算控制等多重考量，並進一步思考如何融入教學與課程設計，使學生在享用健康午餐的同時，也能獲得相關知識與技能。 |
| 榮譽 | 宋老師榮獲USR「精進學校午餐，點亮偏鄉計畫」，本人負責工作坊設計與執行。 |

附件　各場次工作坊編號與摘要說明　081

編號4

| 工作坊名稱 | 學校午餐輔導團設計思考工作坊 |
| --- | --- |
| 跨領域合作教師 | 建築系　宋立文老師 |
| 時間與時數 | 2023.06.02，6小時 |
| 對象 | 營養師、午餐祕書 |
| 工作坊目標 | 此工作坊聚焦於探討學校午餐制度的多方利害關係人，包括行政單位、餐廳業者、學生與家長等，並辨識其各自的需求與挑戰。透過案例分享與情境模擬，讓參與者對聯合採購的過程有更系統的認識，特別是如何借鏡連鎖餐廳在採購與供應鏈管理上的經驗。藉由設計思考的框架，團隊將進行多次迭代與討論，最終提出兼顧食品安全、營養均衡與環境永續的午餐方案，期能在校園中落地執行並發揮長久效益。 |
| 榮譽 | 宋老師榮獲USR「精進學校午餐，點亮偏鄉計畫」，本人負責工作坊設計與執行。 |

編號5

| 工作坊名稱 | 食農繪本設計思考工作坊 |
| --- | --- |
| 跨領域合作教師 | 建築系　宋立文老師 |
| 時間與時數 | 2023.06.30，6小時 |
| 對象 | 營養師、午餐祕書 |
| 工作坊目標 | 引導參與者透過生成式AI與設計思考融合應用，探討食農教育如何以更有趣、生動的方式傳遞給兒童與青少年。工作坊從新聞稿撰寫、海報設計到繪本創作，多階段逐步深化參與者對食農課題的理解，同時反思校園午餐行政業務中的痛點。經由與實務經驗交流與跨領域合作，最終希望建立一套可行的教案與繪本，讓學生對本地食材、農業生態及永續概念都有更具體的認識，並增進對健康飲食的重視。 |
| 榮譽 | 宋老師榮獲USR「精進學校午餐，點亮偏鄉計畫」，本人負責工作坊設計與執行。 |

### 編號6

| | |
|---|---|
| 工作坊名稱 | 原住民族建築人才培育（生成式AI） |
| 跨領域合作教師 | 建築系　宋立文老師 |
| 時間與時數 | 2024.09.05，8小時 |
| 對象 | 原住民學生、一般生 |
| 工作坊目標 | 延續原住民族建築培育的核心，並融入生成式AI做為加速創作的工具。參與者透過在地文化訪談與實地勘查，加深對原住民族建築文化的領悟，再借助AI模型快速產出初步設計概念。最後亦鼓勵學生運用音樂歌曲、音樂影帶或多媒體形式進行提案與宣傳，提升建築設計在社群傳播與文化保存的價值，同時讓更多人認識原住民族建築的精髓與多元發展可能。 |

### 編號7

| | |
|---|---|
| 工作坊名稱 | 數位人文課程地圖設計思考工作坊 |
| 時間與時數 | 2023.07.11，4小時 |
| 對象 | 教師（教育部計畫師資） |
| 工作坊目標 | 本工作坊主要協助數位人文領域之師資群，系統化盤點各校已開設或即將開設的數位人文課程，同時對照「15+3」彈性課程架構，以明確的課程地圖形式呈現。參與者將運用設計思考的同理階段了解教學現場的痛點，如師生對數位工具的熟悉度、課程跨領域協作等，並以發想與原型製作階段提出可行的課程模組。最終希望能促成各院系與資源單位的合作，深化數位人文在教學與研究的影響力。 |

### 編號8

| | |
|---|---|
| 工作坊名稱 | 拖延心理文創商品設計思考工作坊 |
| 跨領域合作教師 | 心理系　林君昱老師 |
| 時間與時數 | 2019.11.15，6小時 |

### 編號8

| 對象 | 大學生 |
|---|---|
| 工作坊目標 | 引導學生深入探討「拖延症」背後的心理機制，並透過文學、設計與行為科學的跨領域切入，找出改善拖延行為的可能方案。工作坊首先透過同理與訪談，讓學生理解不同個體在面對壓力或時間管理困難時的心理狀態；接著透過多次頭腦風暴與原型製作，嘗試將想法落實為文創商品或小型技術應用。最終期望參與者能夠在自我覺察的基礎上，提出兼具趣味性與實用性的商品設計或解決方案。 |

### 編號9

| 工作坊名稱 | 尋找幸福校園的缺口 |
|---|---|
| 時間與時數 | 2023.06.12，2小時 |
| 對象 | 心理師、心輔組同仁 |
| 工作坊目標 | 工作坊著重於校園心理健康與支持系統的盤點，透過實例探討與設計思考的同理法，讓心理師及心輔組同仁能有效發現校園幸福感不足之處。參與者會從學生、教師、行政人員三個角度進行問題聚焦，並在小組討論中提出可行的短期與長期改善策略。透過比對不同面向的需求與資源，協助團隊修正原有的服務模式，打造更友善、安心且能夠滋養學生心靈的幸福校園。 |

### 編號10

| 工作坊名稱 | 東亞妖怪誌文創商品設計思考工作坊 |
|---|---|
| 跨領域合作教師 | 不分系　劉家幸老師 |
| 時間與時數 | 2019.11.15，6小時 |
| 對象 | 大學生 |

### 編號10

| | |
|---|---|
| 工作坊目標 | 藉由東亞妖怪文化與神話傳說，啟發學生從文學、民俗以及個人生命經驗三個層面觀察妖怪意象與其深層含義。工作坊中，參與者在設計思考引導下進行角色同理、概念發想及商品雛形製作，試圖結合傳統文化價值與現代審美需求，打造具有獨特風格的文創商品。過程中更鼓勵學生互相學習相關歷史、文化背景，強化其對文創開發與市場定位的整體掌握度。 |

### 編號11

| | |
|---|---|
| 工作坊名稱 | 通識講座（後疫情時代的課堂學習） |
| 跨領域合作教師 | 師培中心　楊琬琳老師 |
| 時間與時數 | 2020.05.16，3小時 |
| 對象 | 大學生 |
| 工作坊目標 | 針對後疫情時代可能持續出現的遠距與混合教學模式，課程聚焦於不同領域課程（如語文、數理、程式、體育等）在數位化教學的可能性與挑戰。透過設計思考發想活動，學生能從同儕和教師經驗裡萃取心得，探討如何在線上與實體間平衡互動和深度學習。最後並盤點可行的學習資源與工具，鼓勵學生建立自主學習方法，也讓教師能更靈活地應對未來的教育變革。 |

### 編號12

| | |
|---|---|
| 工作坊名稱 | 設計思考遇見校園愛情（結合古典文學的月老故事） |
| 跨領域合作教師 | 中文系　李淑如老師 |
| 時間與時數 | 2021.10.25，6小時 |
| 對象 | 大學生 |

## 編號12

| 工作坊目標 | 透過「月老故事」與校園愛情議題的結合，工作坊從古典文學的愛情概念出發，讓學生同理戀愛中可能出現的溝通、誤解與成長難題。整合設計思考流程之同理、定義、發想與原型製作，學生可發展各式創意解決方案，如校園互動活動或數位平台介面，帶動同儕之間關係的正向發展。最終期望學生在此過程中，不僅了解古典文學背後的人文意涵，更能培養對愛情與人際交往的反思與成熟態度。 |
|---|---|

## 編號13

| 工作坊名稱 | 設計思考遇見校園愛情（繪本） |
|---|---|
| 跨領域合作教師 | 中文系　李淑如老師 |
| 時間與時數 | 2024.10.16，6小時 |
| 對象 | 大學生 |
| 工作坊目標 | 工作坊以生成式AI與繪本創作為媒介，引導學生將校園愛情的多樣面向具象化。學生將同理戀愛前、中、後不同階段的情緒、挑戰與收穫，並在小組腦力激盪中，設計角色、故事線與場景。借助AI工具快速出稿、修飾插圖，使參與者得以專注於故事核心理念及藝術創作意義。最終呈現為一本完整繪本，透過視覺與情感敘事，帶出對校園愛情的思考與珍惜。 |

## 編號14

| 工作坊名稱 | 設計思考遇見校園愛情（音樂專輯） |
|---|---|
| 跨領域合作教師 | 中文系　李淑如老師 |
| 時間與時數 | 2024.10.17 6小時、2024.10.18 6小時 |
| 對象 | 大學生 |

### 編號14

| | |
|---|---|
| 工作坊目標 | 進一步將校園愛情課題延伸至音樂創作，讓學生利用生成式AI或數位音樂工具，嘗試作詞、作曲與後期製作。參與者透過同理心探索戀愛歷程中所蘊含的期待、憧憬與誤解，將這些體驗轉化為音樂作品並組成專輯。過程中每個人都能自由嘗試不同樂風或表達形式，並在相互回饋中修正作品。最後形成一套富含青春感與情感厚度的音樂專輯，並進一步討論音樂對溝通與理解情感的重要意義。 |

### 編號15

| | |
|---|---|
| 工作坊名稱 | 企業永續領導力與變革溝通力設計思考工作坊 |
| 跨領域合作教師 | 國企所　張佑宇老師 |
| 時間與時數 | 2024.06.30，3小時 |
| 對象 | EMBA學生 |
| 工作坊目標 | 透過薩提爾冰山理論與設計思考的結合，讓企業高階主管或EMBA學員能更深刻地同理職場溝通在垂直、水平、斜向等結構下所面臨的障礙。從實例案例分析出發，參與者可拆解組織變革時的利害關係與心理衝突，並以腦力激盪與原型測試的方式尋求創新溝通管道或文化改善手段。工作坊期許培養更具韌性的領導力，使組織中的每個角色都能在變革過程中發揮潛力並維持高合作度。 |

### 編號16

| | |
|---|---|
| 工作坊名稱 | 運動數據公益設計思考工作坊 |
| 跨領域合作教師 | 體健休所　林麗娟老師 |
| 時間與時數 | 2023.01.18，3小時 |
| 對象 | 教師、產業專家、使用者 |

### 編號16

| | |
|---|---|
| 工作坊目標 | 旨在結合運動數據分析與公益推廣理念,透過多元利害關係人(運動專家、學者、素人使用者等)的共同討論,找出阻礙全民運動普及化或運動數據應用的關鍵問題。工作坊運用設計思考的同理與發想流程,讓參與者針對運動數據收集、分析與回饋設計原型,期能幫助大眾從初階到進階都能有效運用數據來提升健康。最後聚焦於建立一個永續的運動公益平台或方案,協助更多人養成科學運動習慣。 |

### 編號17

| | |
|---|---|
| 工作坊名稱 | 設計思考遇見校園傳說(結合古典文學的聊齋故事) |
| 跨領域合作教師 | 中文系　李淑如老師 |
| 時間與時數 | 2022.03.25,6小時 |
| 對象 | 大學生 |
| 工作坊目標 | 結合聊齋鬼故事與校園傳說作為議題,引導學生在不同故事情境下體會「害怕」和「好奇」等情緒的衝擊。工作坊透過同理心練習、分組訪談及角色扮演,協助學生理解鬼故事背後的人性與文化意涵。同時,學生可運用設計思考的多階段方法,嘗試提出「避邪」或「化解恐懼」的創新方案,如APP體驗、空間裝飾或文化活動等。透過這樣的創造與反思,提升學生對傳統文學與校園故事的興趣與理解深度。 |

## 主題二:大學治理與教師增能

　　此主題包含編號:18、19、20、21、22、40、41、42,內容著重於大學組織運作、行政服務及教職員增能,運用設計思考創新治理與教學法。

### 編號18

| | |
|---|---|
| 工作坊名稱 | 學分外的100種想像 |
| 跨領域合作教師 | 教發中心　黃紀茸老師 |
| 時間與時數 | 2020.09.23，3小時 |
| 對象 | 大學生 |
| 工作坊目標 | 邀請不同系所學生分享在「學分之外」的多元學習與發展機會，從實習、專題研究、社團活動到海外交流，皆是大學生活中不可或缺的寶貴經驗。透過設計思考的同理與引導，讓學生互相理解彼此在規劃課外學習時遇到的困境與收穫，並共同腦力激盪出能結合學校資源、產業連結與個人興趣的創新方案。最終希望參與者能突破僅著重課堂學分的侷限，在大學期間充分擴展能力與視野。 |

### 編號19

| | |
|---|---|
| 工作坊名稱 | 大學生跨域研究的100種想像 |
| 跨領域合作教師 | 統計系　張升懋老師 |
| 時間與時數 | 2020.06.02，3小時 |
| 對象 | 學生、教師、行政職員 |
| 工作坊目標 | 著重於跨院系、跨學科的研究合作，首先讓學生、教師與行政人員盤點各自對研究資源與流程的需求與障礙。接著透過設計思考方法，促進跨領域對話及問題定義，期望在實驗室開放、學術資源共享與行政支援等層面提出具體改善建議。工作坊最終成果有望形成一套跨院系研究合作模式，讓更多大學生得以在本科專長之外接觸其他領域，進而激發多元的學術發展與創新潛力。 |

### 編號20

| | |
|---|---|
| 工作坊名稱 | 學務同仁共識工作坊 |
| 時間與時數 | 2020.08.24，3小時 |
| 對象 | 教師、行政職員 |

### 編號20

| | |
|---|---|
| 工作坊目標 | 為籌辦全國大專運動會而設定的整合性討論平台，帶領學務處行政同仁進行同理思考與逆向思考。參與者將針對參賽者、陪同者、觀眾與主辦單位的需求和挑戰進行深度剖析，並嘗試在組織分工、場館管理、宣傳企劃等層面設計創新方案。藉由設計思考的發想與原型階段，迅速驗證概念可行性，使學務處能在運動會期間提供更流暢且高品質的服務，同時展現團隊協作與創意思維的價值。 |

### 編號21

| | |
|---|---|
| 工作坊名稱 | 創意思考與大學治理 |
| 時間與時數 | 2020.08.20，6小時 |
| 對象 | 行政職員 |
| 工作坊目標 | 工作坊聚焦於「如何運用創意思考促進大學治理」的議題，引導行政人員透過觀察與同理，了解教師、學生、同儕間的角色期待和互動需求。參與者將透過小組交流，嘗試盤點校內常見行政流程問題，如經費申請、教室調度等，再結合設計思考迭代來提出優化策略。最終期望行政同仁能打破既定框架，培養更彈性的溝通協調能力，並形塑一種以使用者體驗（學生與教師）為中心的大學治理模式。 |

### 編號22

| | |
|---|---|
| 工作坊名稱 | 當大數據遇上AI——職場「彎道超車」的關鍵思維 |
| 跨領域合作教師 | 醫學系　辛致煒老師 |
| 時間與時數 | 2023.12.07，3小時 |
| 對象 | 行政職員 |

### 編號22

| | |
|---|---|
| 工作坊目標 | 專為協助行政人員快速掌握大數據與AI工具（如Power BI、ChatGPT）在工作流程的應用。工作坊從基礎數據分析、圖表設計到資料洞察，進一步探討如何結合AI語言模型來強化報表解讀與決策效率。參與者可透過實務案例進行操作演練，並在小組互動中提出職場情境之解決方案。最終希望激發行政人員在「數位轉型」與「創新服務」上的思維與行動力，真正達到工作效率與品質的提升。 |

### 編號40

| | |
|---|---|
| 工作坊名稱 | 觀視敘事——個人與AI共創設計思考工作坊 |
| 跨領域合作教師 | 藝術所　陳佳彬老師、不分系　劉家幸老師 |
| 時間與時數 | 2023.10.13，4小時 |
| 對象 | 教師 |
| 工作坊目標 | 強調個人觀點與AI生成技術在創意敘事中的結合，首先帶領教師以「九宮格法」探索影像與照片的多重解讀可能，進而擴大到文字、音樂、影片等多面向創作。透過設計思考的同理與迭代流程，教師可嘗試讓AI協助素材生成或概念延伸，進行作品原型創作。最終期盼教師能將此經驗帶回教室，讓學生在文字與影像敘事上更具視野與深度，同時掌握AI應用的實用技能。 |

### 編號41

| | |
|---|---|
| 工作坊名稱 | 如何將數位課程融入15+3設計思考工作坊 |
| 跨領域合作教師 | 醫學系　辛致煒老師 |
| 時間與時數 | 2023.05.19，3小時 |
| 對象 | 教師 |

### 編號41

| 工作坊目標 | 著重於15+3教學週彈性安排下，數位課程與實體課程的有機融合。透過設計思考流程，協助教師盤點既有的數位教材與教學需求，再行發想如何運用線上學習平台、混合式活動及評量機制來強化教學成效。工作坊同時鼓勵教師互相分享課程規劃與教學痛點，使參與者在多元視角激盪中提出更貼近學生需求的教學方案，並順利落實於日常課程運作中。 |
|---|---|
| 榮譽 | 辛致煒老師投稿2023 ELOE最佳論文獎，本人負責工作坊規劃與執行，以及文章第二作者。 |

### 編號42

| 工作坊名稱 | 工程教育如何融入設計思考工作坊——從基礎到跨領域課程演練 |
|---|---|
| 跨領域合作教師 | 工科系　游濟華老師 |
| 時間與時數 | 2023.04.28，4小時 |
| 對象 | 教師 |
| 工作坊目標 | 著眼於工程教育課程之改革，介紹如何在基礎科目（如工程圖學、工程數學）和跨領域專題中融入設計思考方法。教師在此環境下可先回顧自身課程之教學目標與困難，再藉由小組練習與演練，嘗試設計出能激發學生多面向思維與動手實作的教案。最終希望建立一個可複製的教學框架，讓工程教育與設計思考相結合，為學生提供更多面向的學習體驗，也鼓勵教師開拓創新的教學思維。 |

## 主題三：工程與防災

此主題包含編號：23、24、25、26、27、28、29、30、31、32、33、34，聚焦於工程與防災，讓學生與教職員透過設計思考

與跨領域合作應對自然災害、程式設計及環境議題，培養實務與創意並重的解題能力。

編號23

| 工作坊名稱 | 工程圖學遇見設計思考 |
|---|---|
| 跨領域合作教師 | 工科系　游濟華老師 |
| 時間與時數 | 2023.11.13，3小時（共五場） |
| 對象 | 大學生 |
| 工作坊目標 | 將合作學習與問題導向式學習（PBL）結合於工程圖學課程中，協助學生在繪製工程圖的同時，導入設計思考思維來檢視實際應用問題。學生不僅練習技術繪圖技能，也能在小組討論過程裡訓練邏輯與創新。透過多次的反饋與原型調整，學生逐漸理解工程設計背後的解題架構，增強其對圖學原理與跨領域問題之應變能力，真正實現「做中學、錯中學」的深度學習。 |
| 榮譽 | 游濟華老師榮獲教學實踐研究績優計畫，本人負責各場工作坊設計與執行。 |

編號24

| 工作坊名稱 | 工程數學遇見設計思考 |
|---|---|
| 跨領域合作教師 | 工科系　游濟華老師 |
| 時間與時數 | 2021.06.14，3小時 |
| 對象 | 大學生 |
| 工作坊目標 | 以微分方程、拉普拉斯轉換、傅立葉轉換、機率、矩陣與向量等核心主題切入，透過設計思考引導學生將抽象數學概念與實際生活情境連結。例如，面對日常中交通流量、機械振動或工程結構等議題，學生可運用基礎數學理論加以建模並嘗試解方。工作坊強調師生之間的對話與反覆測試，幫助學生擺脫「死背公式」的傳統方式，並激發在數理邏輯基礎上的多元創意。 |

## 編號25

| 工作坊名稱 | 設計思考遇見震災現場 |
|---|---|
| 跨領域合作教師 | 土木系　劉光晏老師 |
| 時間與時數 | 2021.12.18-19，18小時 |
| 對象 | 大學生 |
| 工作坊目標 | 聚焦校園防災與避難的情境，讓學生透過360度環景攝影與實地探勘，更直觀地了解地震應變流程與空間結構。學生運用設計思考的同理與原型測試，從建築結構安全、逃生動線管理到災後應變之管理系統，提出整合式的防災方案。經歷多次迭代，學生也得以檢視工程觀點與人性需求間的平衡，從中學習跨領域協調溝通與專案規劃，促進對公共安全和防災教育的深刻體悟。 |

## 編號26

| 工作坊名稱 | Pygame程式語言與互動式遊戲設計思考工作坊 |
|---|---|
| 跨領域合作教師 | 工科系　游濟華老師 |
| 時間與時數 | 2023.11.22，3小時 |
| 對象 | 大學生 |
| 工作坊目標 | 運用Pygame程式語言作為核心工具，引導學生將地震、水災等常見防災主題融入遊戲設計之中。透過設計思考流程，學生先同理實際災害場景下不同角色（如居民、救援人員等）的需求，再發想多元遊戲機制，並在程式開發過程中持續測試與修正。此工作坊期盼學生能同時提升程式設計技術與公共議題認知，並在遊戲化情境中學習如何兼顧教育性與娛樂性，最終產生具互動性與學習價值的遊戲作品。 |

編號27

| 工作坊名稱 | 設計思考遇見校園震災應變 |
|---|---|
| 跨領域合作教師 | 土木系　劉光晏老師、藝術所　陳佳彬老師 |
| 時間與時數 | 2022.07.12，36小時 |
| 對象 | 大學生、行政同仁、教師 |
| 工作坊目標 | 透過長達多日的密集工作坊形式，讓校內師生與行政人員共同協作，從建築結構、防災物資配置、逃生動線規劃到災後支援與心理照護，一一進行系統化檢視與設計。工作坊採用設計思考的分階段流程，包含現況調查、同理體驗與原型製作等，最終歸納一套可執行的校園防災計畫。參與者也因此更能理解多方利害關係人的需求，並在實踐過程中學習溝通與協調技能，促進校園安全與應變力提升。 |

編號28

| 工作坊名稱 | 二日成名戲劇製演 |
|---|---|
| 跨領域合作教師 | 藝術所　陳佳彬老師、醫學系　辛致煒老師 |
| 時間與時數 | 2023.09.09-10，18小時 |
| 對象 | 大學生 |
| 工作坊目標 | 以「防災故事」為題材，透過戲劇表演與製作的形式，培養學生對工程與防災知識的感性理解。參與者經由同理心練習，將防災議題融入腳本創作，並在分鏡設計與角色扮演時，思考真實災害中人的心理狀態與應對行動。最後以類似「製作人提案」的方式呈現成果，展現學生在短時間內如何運用設計思考與團隊協作的綜合能力。透過戲劇，更能讓觀眾與學生反思災難情境下的預備與行動價值。 |

## 編號29

| 工作坊名稱 | 設計思考遇見水患社區（桌遊、遊戲化） |
|---|---|
| 跨領域合作教師 | 臺大天災中心　洪五爵老師 |
| 時間與時數 | 2020.10.14-15、10.21-22，36小時 |
| 對象 | 大學生 |
| 工作坊目標 | 特別聚焦於水患社區之防災議題，學生先透過訪談里長與當地專家，蒐集第一手社區防災資料與居民需求。接著以設計思考方式，將訪談所得轉化為桌遊或遊戲化繪本等非工程手法，用以提高孩童與社區成員的防災意識。學生在製作過程中需考量遊戲平衡、教育性與娛樂性，並最終進入社區實地測試。此活動不僅讓學生深刻理解防災的重要性，也透過創意媒材拉近民眾與知識之間的距離。 |

## 編號30

| 工作坊名稱 | 設計思考遇見水患社區（短片） |
|---|---|
| 跨領域合作教師 | 臺大天災中心　洪五爵老師 |
| 時間與時數 | 2021.08.03-04、08.10-11，36小時 |
| 對象 | 大學生 |
| 工作坊目標 | 延續「水患社區」議題，主打影片敘事與影像創作。學生透過實地採訪與專業記者、影像創作者的協助，完成一部能展現社區防災故事的短片。設計思考流程協助學生在劇本規劃與拍攝過程中反覆調整，包括角色取向、情節安排及視覺呈現等。成品不僅呈現水患災害的現實面貌，也讓觀眾同理災民與救援單位的種種困難，在更廣的社會層面引發公眾對防災的關注與支持。 |

## 編號31

| 工作坊名稱 | 教育部數位防災教材開發 |
|---|---|
| 跨領域合作教師 | 工科系　游濟華老師 |
| 時間與時數 | 2024.05.03，2小時 |

### 編號31

| | |
|---|---|
| 對象 | 國中小教師、行政職員 |
| 工作坊目標 | 旨在指導教育工作者思考如何將地震等災害預防知識與現有學科課程結合，透過電子書、動畫、繪本或互動遊戲等數位教材，讓學生在校園中接受更具體且貼近生活的防災教育。參與者先從使用者同理出發，瞭解不同年齡層對防災內容的理解方式，再進行簡易原型製作並分享教學設計藍本。期望最終可形成一套標準化或可客製化的數位防災教材模式，協助各級學校有效推行防災素養提升。 |

### 編號32

| | |
|---|---|
| 工作坊名稱 | 氣候變遷提案 |
| 跨領域合作教師 | 工科系　游濟華老師 |
| 時間與時數 | 2021.05.22、05.29、06.05-06，36小時 |
| 對象 | 大學生 |
| 工作坊目標 | 透過36小時的馬拉松式提案流程，學生針對氣候變遷衍生之生態、經濟與社會等多重議題進行深度探究。工作坊提供文獻收集、簡報演練、專家講座等資源，並以設計思考方法輔助學生聚焦問題、構思解決方案。參與者需在短時間內完成初步提案書或簡報並進行現場闡述，培養溝通表達與專案協作能力。這不僅強化大學生對氣候變遷的認識，更鼓勵他們主動投入各種跨領域或跨部門合作，一同實踐永續目標。 |

### 編號33

| | |
|---|---|
| 工作坊名稱 | 機器學習遇見防疫素人 |
| 跨領域合作教師 | 臺大醫院新竹分院　黃詩婷護理師、工科系　游濟華老師 |
| 時間與時數 | 2022.12.17，18小時 |
| 對象 | 大學生 |

### 編號33

| 工作坊目標 | 將機器學習技術融入新冠疫情檢疫流程設計，帶領學生從問題定義、資料蒐集到模型訓練與情境模擬，逐步體會如何透過數據驅動的方式優化防疫體系。工作坊中的設計思考迭代，多次應用在檢疫流程原型的測試與修正，包括草圖、數值模型與真人角色扮演，期望培養學生對問題解構、跨領域整合與溝通的能力。最終產出的方案不僅有數據支撐，更具貼近現場操作性的可行性。 |
|---|---|
| 榮譽 | 本人榮獲教學實踐研究績優計畫。 |

### 編號34

| 工作坊名稱 | 二日成名戲劇製演（AI） |
|---|---|
| 跨領域合作教師 | 藝術所　陳佳彬老師、醫學系　辛致煒老師 |
| 時間與時數 | 2024.09.14-15，18小時 |
| 對象 | 大學生 |
| 工作坊目標 | 以防災故事為主線，加入AI技術輔助對話劇本、影像、音樂與歌詞的創作，讓學生在戲劇製演過程中突破傳統創作限制。參與者不僅要同理災害情境與受災群體的心境，也需透過設計思考發想如何在舞台布景、分鏡腳本與角色互動上更具創意與真實感。AI工具的導入則加速角色台詞或場景視覺化的成形，為戲劇表演注入多媒體與虛擬特效等新元素，進而使觀眾對防災意識有更深刻的體驗。 |

## 主題四：校外合作

包含編號：35、36、37、38、39，與校外大學或機構的合作，圍繞高齡照護、人工智慧、智慧手環、AI影像敘事等。

### 編號35

| 工作坊名稱 | 高齡社會的創新產品設計 |
|---|---|
| 跨領域合作教師 | 楊峻泓老師 |
| 時間與時數 | 2023.09.01，6小時 |
| 對象 | 大學生（南台科技大學） |
| 工作坊目標 | 深入探討高齡化社會在照護、生活輔具與社會支持系統等面向的痛點，並以設計思考過程引導學生提出創新解決之方式。工作坊先讓參與者透過訪談與故事模擬，體驗長者在日常活動中的不便與焦慮，再結合科技、設計和人文觀點，嘗試開發出多功能介面或產品原型。過程中強調跨領域溝通與資源統整，以確保最終成果能兼顧實用性與使用者體驗，加強對高齡群體的關懷與支持。 |

### 編號36

| 工作坊名稱 | 設計思考遇見人工智慧導論工作坊 |
|---|---|
| 跨領域合作教師 | 李建樹老師 |
| 時間與時數 | 2023.12.05，3小時 |
| 對象 | 大學生（台南大學） |
| 工作坊目標 | 以SDGs（永續發展目標）為切入點，引導學生思考AI在城市管理、能源使用、健康照護或教育等領域的應用可能。工作坊採設計思考的同理與定義問題步驟，協助學生瞭解AI技術基本概念與限制。接著在發想階段，學生會提出多種跨領域解決方案並進行簡易原型設計，期能激發對科技與社會需求結合的想像力。最終透過展示與回饋，檢視方案在真實場域的潛在價值與挑戰。 |

### 編號37

| | |
|---|---|
| 工作坊名稱 | 100種智慧手環的長照應用設計思考工作坊 |
| 跨領域合作教師 | 顏炘怡老師 |
| 時間與時數 | 2022.05.23，3小時 |
| 對象 | 大學生（靜宜大學） |
| 工作坊目標 | 從長期照護的實務難題切入，帶領參與者檢視智慧手環在數據監測、緊急通報與生活管理上的價值，並以設計思考流程協助發想出各種可能性。學生須先同理長照現場的照護者與被照護者，理解生命體徵、移動範圍與突發狀況等需求後，嘗試整合物聯網與資訊處理技術，設計出更精準與人性化的應用模式。最後鼓勵參與者發表解決方案原型，形成一系列「智慧手環X長照」的創新構想。 |

### 編號38

| | |
|---|---|
| 工作坊名稱 | AI影像敘事GenAi競賽設計思考工作坊 |
| 跨領域合作教師 | 創產所　楊佳翰老師 |
| 時間與時數 | 2024.04.27，3小時 |
| 對象 | 大學生（臺灣大學） |
| 工作坊目標 | 重點在「人機共創」的敘事方式，學生將以生成式AI協助撰寫故事摘要與影像原型，並依據設計思考之同理、發想與測試過程，調整劇本內容與視覺呈現。工作坊同時探討如何在影像敘事中突顯主題情感，並確保AI生成內容的可靠度與適切性。最終成品有機會在校內競賽或公開平台進行展示，讓學生體驗從靈感出發到多媒體作品完成的全流程，也為AI與創意結合提供新思路。 |

### 編號39

| | |
|---|---|
| 工作坊名稱 | 設計思考遇見專家之旅（義守大學） |
| 時間與時數 | 2024.10.09，3小時 |
| 對象 | 大學生（義守大學） |

編號39

| 工作坊目標 | 以「未來十年後的專家榜樣」為題，鼓勵學生兩兩組隊進行訪談與經驗萃取，透過訪問專家來瞭解其成長背景、專業特質、成功要素與面對困境的策略。在設計思考流程中，學生須同理專家經驗並盤點其關鍵能力，進而反思自身差距與學習規劃。工作坊期盼透過這樣的「專家之旅」，讓學生從實際故事中獲得啟發，並在未來學業或職涯發展上擁有更清晰且具行動力的目標。 |
|---|---|

## 主題五：醫學與生物

此主題包含編號：43、44、45、46、47、48、49、50、51、52、53、54、55、56、57、58、59，著重於醫療、生物科學及照護領域的課程與工作坊，整合臨床實務、教學研究與設計思考方法。

編號43

| 工作坊名稱 | 探究與實作，巨觀到微觀 |
|---|---|
| 跨領域合作教師 | 醫學系　辛致煒老師 |
| 時間與時數 | 2022.12.15，3小時 |
| 對象 | 高中生物教師 |
| 工作坊目標 | 針對高中生物課程設計，運用「探究式學習」與「實作教學」方式帶領教師從植物的宏觀形態進入微觀構造，理解課堂教學中容易被忽略的細節與操作難點。工作坊透過設計思考，同理學生在面對實驗操作或理論抽象化的困境，並協助教師發想新穎的教學策略與評量工具。最後老師們會共同繪製一份完整的課程地圖，包含教案重點、素材來源與實驗安全注意事項，藉此增進生物教育的多樣性與深度。 |

### 編號44

| | |
|---|---|
| 工作坊名稱 | 生物奧林匹亞與設計思考（問題盤點，同理選手） |
| 跨領域合作教師 | 醫學系　辛致煒老師 |
| 時間與時數 | 2023.08.22-23，16小時 |
| 對象 | 教師、國手 |
| 工作坊目標 | 混合分組方式讓國手、指導教師與曾參賽的學長姐，共同盤點生物奧林匹亞培訓時常見的落差，包括師資不足、設備受限或心態壓力等。工作坊透過設計思考的同理與問題定義階段，讓參與者正視偏鄉與市區資源差異，以及選手個別需求的不同。最終透過迭代與腦力激盪，提出跨大學協作平台或專業指導人員巡迴等可行策略，期盼在後續培訓計畫中落實，協助更多學生在生物競賽上發揮實力。 |

### 編號45

| | |
|---|---|
| 工作坊名稱 | 生物奧林匹亞與設計思考（同理選手與委員，模擬答題，課程設計） |
| 跨領域合作教師 | 醫學系　辛致煒老師 |
| 時間與時數 | 2024.01.28-29，16小時 |
| 對象 | 教師、國手 |
| 工作坊目標 | 以筆試與課程設計為焦點，邀請高中生物科教師及國手一同實際閱讀國內外競賽考題，並在設計思考的引導下模擬答題情境。教師與學生將同理出題委員對考題命制的思考脈絡，也觀察考生作答時的盲點與時間壓力。最後匯整出對應的課程規劃、實驗設備需求及解題技巧，提出針對筆試與實作並重的培訓模式，改善傳統「題海戰術」的侷限，並深化選手對知識本質的理解。 |

### 編號46

| 工作坊名稱 | 生物奧林匹亞與設計思考（同理選手模擬實作，課程設計） |
|---|---|
| 跨領域合作教師 | 醫學系　辛致煒老師 |
| 時間與時數 | 2024.08.24-25，16小時 |
| 對象 | 教師、國手 |
| 工作坊目標 | 著重競賽實作部分，讓參與的高中教師與國手於工作坊中依照實驗流程與時間限制進行操作。透過每15分鐘為單位的觀察與記錄，師生能共同檢討儀器使用、程序標準化與錯誤修正等細節。並在設計思考的發想與原型階段，討論如何優化教學教案或實驗室布置，進一步將這些見解融入一般高中生物課，創造更有系統的培訓環境，有效提升選手整體比賽表現。 |

### 編號47

| 工作坊名稱 | 設計思考遇見災害中之智慧友善環境 |
|---|---|
| 跨領域合作教師 | 物治系　洪菁霞老師 |
| 時間與時數 | 2021.05.23-24，18小時 |
| 對象 | 大學生 |
| 工作坊目標 | 聚焦於身障人士在大型災害（如地震、風災）中的處境，讓學生站在輪椅使用者或行動不便者的角度進行同理與場景模擬。藉由設計思考之協作與迭代，學生能在空間動線、無障礙設施、智慧感測系統等層面提出更符合需求的設計或改善方案。除提升學生對包容性設計的認知，也希冀透過此次工作坊喚起社會對弱勢族群於災害應變中之支持的重要性，進而驅動更具體的政策與環境改造。 |
| 榮譽 | 洪菁霞老師榮獲創新個人組第三名，以線上遠距方式進行小組創意智慧友善環境課程。本人負責工作坊設計與執行。 |

## 編號48

| 工作坊名稱 | 設計思考融入臨床教學 |
|---|---|
| 跨領域合作教師 | 林威宏醫師 |
| 時間與時數 | 2022.06.18，3小時 |
| 對象 | 醫師（成大醫院） |
| 工作坊目標 | 以薩提爾冰山理論為基礎，引導醫師在臨床教學時更能同理病患或學生所處的心理狀態。工作坊中參與者將透過實例分析討論，如門診教學或病房指導時遇到的溝通瓶頸，並在設計思考流程中不斷迭代教學策略。期望參與者在理論與實務結合下，能制定更個人化且有效的臨床帶教模式，促進醫病關係融洽和學生實習成效提升，為醫療現場注入更多人文關懷與專業技術並重的氛圍。 |
| 榮譽 | 林威宏醫師榮獲成大醫院教學創新團體組佳作，運用設計思考模式於一般醫學師資培育教學能力的提昇。本人負責設計思考工作坊規劃與推動。 |

## 編號49

| 工作坊名稱 | 後疫情時代臨床照護者充能空間構思 |
|---|---|
| 跨領域合作教師 | 護理系　許玉雲老師、建築系　宋立文老師 |
| 時間與時數 | 2023.10.28-29，18小時 |
| 對象 | 護理師、學生 |
| 工作坊目標 | 立基於後疫情時期醫護人員身心壓力高漲的事實，透過設計思考引導護理師與學生重新審視醫院更衣室與休息空間的需求。過程中會從不同科室（如急診、血液腫瘤科、產兒科等）切入，辨識因工作性質而生的差異化需求。藉由多次意見收集與原型迭代，提出包括環境配色、動線規劃及智能管理的全新空間設計構想，希望達到「減壓」、「充能」與「提昇工作幸福感」的整體目標。 |
| 榮譽 | 許玉雲老師榮獲成大醫院教學創新團體組佳作，跨域合作探索與建構護理環境：護理理論課程之創新。本人負責工作坊設計與執行。 |

### 編號50

| 工作坊名稱 | 傳染病防治設計思考工作坊 |
| --- | --- |
| 跨領域合作教師 | 公衛所　莊佳蓉老師、護理系　陳嬿今老師、工科系　游濟華老師、護理系　柯乃熒老師 |
| 時間與時數 | 2022.10.20，2小時 |
| 對象 | 大學生 |
| 工作坊目標 | 聚焦於不同傳染病如瘧疾、諾羅病毒、愛滋病、腸胃炎及新冠肺炎等，讓學生在多元情境（校園、遊樂園、監獄、健身房）下進行角色同理與問題診斷。透過設計思考的發想和快速原型，有效激盪出多種防治與宣導方法，如創新教材、互動式宣傳、行為誘導機制等。參與者同時考量醫學、社會心理與教育傳播的要素，期望透過跨領域合作為傳染病防控貢獻更多創新視角與務實手段。 |
| 榮譽 | 莊佳蓉老師榮獲成大醫院教學創新成果團體組第一名，運用設計思考於傳染病和愛滋病防治實踐行動。本人負責設計思考工作坊規劃與推動。 |

### 編號51

| 工作坊名稱 | 設計思考遇見災難中之智慧友善環境 |
| --- | --- |
| 跨領域合作教師 | 物治系　洪菁霞老師 |
| 時間與時數 | 2020.05.23-24，18小時 |
| 對象 | 大學生 |
| 工作坊目標 | 為因應疫情實施線上工作坊形式，帶領學生以身障人士與弱勢族群的觀點，去審視在重大天災或公共衛生危機下，如何整合科技與空間規劃。透過設計思考之同理與發想階段，學生能分析城市基礎建設、公共資訊傳遞與臨時庇護所管理等方面的漏洞。最後在原型測試中，提出協助身障者迅速獲取資源並保障其安全的智慧化方案，展現從理論探討到實作構思的完整思維過程。 |

### 編號52

| | |
|---|---|
| 工作坊名稱 | 建築與通用設計之設計思考工作坊 |
| 跨領域合作教師 | 職治系　黃百川老師、建築系　宋立文老師 |
| 時間與時數 | 2020.05.08，6小時 |
| 對象 | 大學生 |
| 工作坊目標 | 將建築與職能治療兩門課程的學員組合起來，著重探討「通用設計」在無障礙環境中可帶來的改變。透過實際操作與角色扮演，學生能體驗到行動不便者面臨的種種障礙，也學習到如何在空間配置、家具設計與材質選擇上優化使用者體驗。工作坊最終產出的通用設計原型，除了具備工程技術可行性外，也融入了多面向的使用者需求，兼顧人文關懷與建築美感。 |

### 編號53

| | |
|---|---|
| 工作坊名稱 | 仿生學遇見設計思考 |
| 跨領域合作教師 | 醫學系　辛致煒老師 |
| 時間與時數 | 2023.11.04，3小時 |
| 對象 | 大學生 |
| 工作坊目標 | 透過「九宮格思考法」再延伸至「九九八十一格」的結構，帶領學生從食衣住行育樂等多重面向討論仿生學如何轉化動植物特徵或生態機制到人類設計中。參與者會挑選各種仿生技術案例，如變色龍偽裝、螢火蟲高效發光機制等，分析其應用價值。設計思考流程則協助團隊釐清需求、發想原型並快速測試，冀望促成更多創新方案，如仿生紡織品、結構設計或永續農業技術，進一步激發學生對生物科學與工程整合的興趣。 |

### 編號54

| | |
|---|---|
| 工作坊名稱 | 職能治療遇見設計思考 |
| 跨領域合作教師 | 職治系　張玲慧老師 |
| 時間與時數 | 2022.02.16，3小時 |

### 編號54

| | |
|---|---|
| 對象 | 大學生 |
| 工作坊目標 | 透過薩提爾冰山理論來同理高齡長者在日常照護中的多層次需求，並以訪談模擬讓學生學習如何傾聽與回應長者的身心困境。設計思考則提供了發想與原型的操作框架，讓學生將觀察所得轉化為可行的陪伴與復健方案，如智能輔具或活動規劃。希冀最終參與者能了解職能治療對長者生活品質的重要性，並養成細膩觀察和同理他人之思維，在未來醫療或社區服務中持續運用。|

### 編號55

| | |
|---|---|
| 工作坊名稱 | 周全性評估遇見設計思考 |
| 時間與時數 | 2022.03.30，6小時 |
| 對象 | 教師、醫師、護理師、數位課程同仁 |
| 工作坊目標 | 結合老年醫學評估量表與跨領域課程的實踐，帶領醫護人員與教育工作者體驗「周全性老年醫學評估」在臨床與教學間的落地方式。工作坊中分階段針對利害關係人困境盤點、資源彙整與「素人到達人」的教學規劃進行迭代檢討。期望透過這個過程，找出更具體且兼具理論與實務的老年照護教學模式，進一步因應高齡人口所帶來的醫療體制衝擊，並為學生提供扎實且多元的實踐機會。|
| 投稿 | 本人投稿教育傳播與科技研究，設計思考轉譯臨床量表融入跨領域課程規劃：以周全性老年醫學評估為例。|

### 編號56

| | |
|---|---|
| 工作坊名稱 | 護理系數位課程遇見設計思考 |
| 時間與時數 | 2020.07.13，3小時 |
| 對象 | 教師 |

### 編號56

| | |
|---|---|
| 工作坊目標 | 針對護理系教師在拍攝數位課程與轉化教材時面臨的挑戰,透過設計思考流程協助他們梳理預期教學目標與學習者特性,並以問題導向方式討論拍攝流程與步驟。參與者於同理階段辨識阻礙數位化的諸多因素,如器材、場地、教師表達與學生參與度,並在發想與原型階段提出優化拍攝腳本或互動式教學單元的策略。最終期盼能打造出更具吸引力與實用性的護理數位課程,提升學生遠距學習的成效與意願。 |

### 編號57

| | |
|---|---|
| 工作坊名稱 | 護理主任溝通領導共識營 |
| 跨領域合作教師 | 蘇睿寧主任 |
| 時間與時數 | 2024.02.24,6小時 |
| 對象 | 護理師(台南醫院) |
| 工作坊目標 | 著重於護理師在臨床團隊中扮演的溝通與領導角色,運用設計思考幫助參與者學習從多角度理解衝突發生的根源。工作坊中加入薩提爾冰山理論與真實案例演練,讓護理師釐清垂直(醫護關係)與水平(護理同儕、跨部門合作)溝通之差異,並激盪出增能對話與團隊陪伴的新做法。期盼透過此過程打造一個更具凝聚力與支持性的醫護環境,最終提高病患照護品質與工作滿意度。 |

### 編號58

| | |
|---|---|
| 工作坊名稱 | 高齡用藥數位課程設計思考工作坊 |
| 時間與時數 | 2019.11.09,4小時 |
| 對象 | 教師、醫師、數位課程同仁 |

### 編號58

| | |
|---|---|
| 工作坊目標 | 以高齡用藥為核心主題，讓參與者從臨床醫師、藥師與教學專業人員三方角度，討論數位課程製作中的重點與挑戰，例如拍攝腳本編排、知識點切分與實際案例取材。運用設計思考引導，可以不斷測試與修正腳本內容，以確保影片符合學習目標並易於理解。最終期望縮短數位課程產出的周期，並盡量減少後續修改的次數，為高齡用藥議題提供更多可及且高品質的教學資源。 |

### 編號59

| | |
|---|---|
| 工作坊名稱 | 護理與資訊科技設計思考工作坊 |
| 跨領域合作教師 | 護理系　許玉雲老師、工科系　游濟華老師 |
| 時間與時數 | 2021.03.26，2小時 |
| 對象 | 大學生 |
| 工作坊目標 | 聚焦於「新生兒照護」議題，引導學生透過資訊科技與護理結合，思考如何設計APP或穿戴式裝置來協助新手父母監測新生兒狀況。工作坊先分析常見新生兒健康指標與父母需求，再結合設計思考的頭腦風暴與原型製作流程，鼓勵學生構建出功能明確且易於操作的介面雛形。最終盼能強化護理照護的即時性與個人化，同時讓學生感受跨領域知識整合在實務應用上的潛力。 |

# 致謝

　　本書的完成，感謝家人與親友的支持與滋養，讓我擁有豐沛的能量，得以保持好奇的心，勇於探索每一次創新的挑戰。感謝支持教學開放與創新的成大不分系，以及許多合作夥伴的支持與協助。感謝在過程中共同策劃、討論並付諸行動的各位老師，醫學系辛致煒老師、物治系洪菁霞老師、護理系許玉雲老師、柯乃熒老師、陳嬿今老師、公衛所莊佳蓉老師、職治系黃百川老師、張玲慧老師、成大醫院教學中心林威宏醫師、建築系宋立文老師、創產所楊佳翰老師、工科系游濟華老師、土木系劉光晏老師、師培中心楊琬琳老師、不分系劉家幸老師、藝術所陳佳彬老師、中文系李淑如老師、國企所張佑宇老師、體健休所林麗娟老師、心理系林君昱老師、統計系張升懋老師、教發中心黃紀茸老師，校外夥伴臺大天災中心洪五爵老師、靜宜大學顏炘怡老師、虎尾科大楊峻泓老師、臺南大學李建樹老師、臺南醫院蘇睿寧老師、臺大醫院新竹分院黃詩婷老師，以及所有參與課程教學與研究工作的教師與專業人士。在這些珍貴的合作歷程中，每位老師和專家都展現了自己在不同學科領域的專長與熱忱，讓我們得以共同開發、實踐與驗證各種跨領域課程與教學模式。

　　也感謝所有參與工作坊與課程的學生、行政同仁與業界夥伴，在多元對話與實作過程中，不斷激發創新思維與反思力，進而讓本

書的研究與教學設計更具深度與廣度。苗圃計畫是設計思考與跨領域創新的根，孕育我成長茁壯。每位主持人與教練皆是啟蒙導師，賦予智慧與力量。這本書是苗圃的果實，版稅將全數回饋總辦公室，盼能微添養分，持續滋養創新與促成跨域的交流。

PF0366　Viewpoint 68

# 設計思考在跨領域課程的應用與挑戰

作　　者 / 李孟學
責任編輯 / 尹懷君
圖文排版 / 陳彥妏
封面設計 / 嚴若綾

發 行 人 / 宋政坤
法律顧問 / 毛國樑　律師
出版發行 / 秀威資訊科技股份有限公司
　　　　　114台北市內湖區瑞光路76巷65號1樓
　　　　　電話：+886-2-2796-3638　傳真：+886-2-2796-1377
　　　　　http://www.showwe.com.tw
劃撥帳號 / 19563868　戶名：秀威資訊科技股份有限公司
　　　　　讀者服務信箱：service@showwe.com.tw
展售門市 / 國家書店（松江門市）
　　　　　104台北市中山區松江路209號1樓
　　　　　電話：+886-2-2518-0207　傳真：+886-2-2518-0778
網路訂購 / 秀威網路書店：https://store.showwe.tw
　　　　　國家網路書店：https://www.govbooks.com.tw

2025年3月　BOD一版
定價：250元
版權所有　翻印必究
本書如有缺頁、破損或裝訂錯誤，請寄回更換

Copyright©2025 by Showwe Information Co., Ltd.
Printed in Taiwan
All Rights Reserved

國家圖書館出版品預行編目

設計思考在跨領域課程的應用與挑戰 = The application and challenges of design thinking in transdisciplinary courses / 李孟學著. -- 一版. -- 臺北市：秀威資訊科技股份有限公司, 2025.03
　面；　公分. -- (Viewpoint ; 68)
BOD版
ISBN 978-626-7511-76-3(平裝)

1.CST: 教學研究　2.CST: 教學設計
521.4　　　　　　　　　　　　114002823